Astrid Carvel

Das kleine Buch der Hexenkunst

Aus dem Englischen von
Ute Löwenberg

arsEdition

INHALT

In der Geschichte wurde Hexenkunst zum Tode verurteilt. Doch die Geschichte und ich finden alle Hexenkunst, die wir brauchen, um uns Jeden Tag. herum.

Emily Dickinson

EINLEITUNG

Woran denkst du beim Thema Hexerei? Viele stellen sich uralte Hexen auf Besen vor, die in der Walpurgisnacht zum Blocksberg reiten. Andere denken an die Hexen der klassischen Literatur, wie die unheimlichen Schwestern in *Macbeth* und Morgan le Fay aus der *Artussage,* während es für ein jüngeres Publikum die Welt des *Harry Potter* ist, die Magie zu etwas Faszinierendem, aber auch Dunklem gemacht hat, in das man sich ohne Ausbildung in Hogwarts besser nicht einmischen sollte. Und historisch Interessierte denken sofort an die berüchtigten Hexenprozesse.

Bei all diesen Assoziationen ist es nicht überraschend, dass Hexerei oft als etwas Gefährliches und Verbotenes angesehen wird. Doch die moderne Hexenkunst, insbesondere die weiße Hexerei, ist insgesamt positiver und zugänglicher. Der Fokus liegt auf der Verwendung von Magie für gute Zwecke. In einem modernen Kontext kann dies alles bedeuten: von der Unterstützung bei der Suche nach Liebe bis hin zur Hilfe beim Auftreiben von Geld für eine unerwartet hohe Stromrechnung.

Dieses Buch konzentriert sich auf weiße Hexenkunst und beruht auf der Überzeugung, dass die Natur an sich magisch ist. Weiße Hexerei nutzt die Kraft der Natur mithilfe natürlicher Phänomene, wie Edelsteine, Kräuter und Mondphasen, in Verbindung mit traditionellen Gegenständen, wie Zauberstab oder Kessel, um Zaubersprüche und Rituale durchzuführen. Es ist jedoch wichtig, sich stets zu vergegenwärtigen, dass die Kraft des Geistes das wichtigste Werkzeug beim Hexen ist. Dieses Buch bietet Wissen über die Ursprünge und Möglichkeiten der Hexerei, und für diejenigen, deren Interesse geweckt wurde, gibt es eine Einführung in das Hexen und die Durchführung von Ritualen für die Hexe des 21. Jahrhunderts.

ANMERKUNG

Hexerei wird häufig als Frauendomäne angesehen, aber auch Männer und genderfluide Menschen können feststellen, dass Hexerei für sie von Bedeutung ist. Die Sprache des Buchs bezieht sich oft auf weibliche Hexen, aber das soll niemanden ausschließen. Deshalb bezieht sich die in diesem Titel gewählte geschlechtliche Form immer zugleich auf weibliche, männliche und diverse Personen. Dieses Buch ist für alle, die die Welt der weißen Hexenkunst erkunden wollen.

ALLES ÜBER WEISSE HEXENKUNST

Weiße Hexerei – kurz zusammengefasst

Die weiße Hexerei beruht auf Wertschätzung und Verehrung der natürlichen Welt. Indem sie sich auf die Kräfte der Erde einstimmen, glauben weiße Hexen, dass sie sich selbst und anderen Glück bringen können. Sie erfüllen Lebensziele und ziehen Liebe, Gesundheit und Erfolg an. Dabei sind sie sich sicher, dass Magie in uns allen steckt und dass es unser Geburtsrecht ist, uns wieder mit dieser Kraft zu verbinden, um zu lernen, wie man sie in Zaubersprüchen und Ritualen für gute Zwecke einsetzt. Die grundlegenden Werkzeuge der weißen Hexenkunst sind Bestandteile der Natur wie Kräuter, Blumen, Bäume, Edelsteine und die Phasen des Mondes, die Jahreszeiten und das Sonnenlicht. Diese werden mit kraftvollen Worten und Handlungen beeinflusst, um Magie zu erzeugen.

Weiße Hexerei ist eine Kombination aus mentalen, mystischen und spirituellen Praktiken. Diejenigen, die sie anwenden, glauben, dass der menschliche Geist die Macht hat, die umgebende Welt zu beeinflussen, und dazu befähigt, das eigene Leben zu kontrollieren. Der Glaube, dass die Kraft des Geistes Zauber ermöglicht, ist mit den Prinzipien der transzendentalen Meditation verwandt, bei der ein tiefer meditativer, tranceähnlicher Zustand erreicht wird.

EIN WORT DER WARNUNG – WAS DU SÄST, WIRST DU ERNTEN

Hexen können gut oder böse auftreten. Allerdings glauben viele, die weiße Hexerei betreiben, an die Regel der (dreifachen) Wiederkehr, und so wird das Handwerk niemals für böse Zwecke eingesetzt. Was ausgesandt wird, kehrt dreifach zum Sender zurück. Das gilt auch für Unglück, mit dem du jemanden belegt hast, sei also vorsichtig!

WEISSE HEXENKUNST UND IHRE HEUTIGE BEDEUTUNG

Da du dieses Buch in der Hand hältst, verspürst du vermutlich mehr als nur ein flüchtiges Interesse an Hexerei und hast dich vielleicht schon immer für das magische Reich interessiert. Aber in der Hexenkunst geht es nicht nur darum, bei Vollmond zu tanzen und Liebeszauber zu sprechen, sondern auch darum, einem höheren Ziel zu dienen.

In der weißen Hexerei spiegeln sich moderne gesellschaftliche Ansichten über die Umwelt wider und über den Wunsch, die Natur zu schützen und zu erhalten, genauso wie moderne Selbsthilfetechniken zur Selbstverwirklichung und zur Erreichung persönlicher und beruflicher Ziele – Stichwort Achtsamkeit.

Weißer Hexerei wohnt mit ihrer Feier der Gleichheit der Geschlechter und der inneren Kraft der Frau eine gute Dosis Feminismus inne. Du siehst also – es ist nicht nur Hokuspokus! Und das ist der Grund, warum heute viele gebildete, intelligente Menschen die Reihen derer, die Hexerei praktizieren, größer werden lassen.

Hexerei durchdringt das alltägliche Leben. Denke zum Beispiel an abergläubische Rituale: Wie oft klopfst du auf Holz, um Glück zu besiegeln? Solche Handlungen sind eigentlich Zauber, um Unglück abzuwenden.

Keiner weiß, wie viele praktizierende Hexen es heute gibt, aber schon 2011 wurden in Großbritannien etwa 53 000 und in den USA circa 2 Millionen Menschen erfasst, die ihre religiöse Zugehörigkeit zum Paganismus (Heidentum) angaben. Das Praktizieren von Magie ist verwandt mit anderen Formen des positiven Denkens wie Achtsamkeit, Affirmationen und der Meditation, da es den Geist darauf fokussiert, den Moment zu erleben und geistig nach Zielen zu greifen, allerdings mit ein paar zusätzlichen Requisiten, wie Edelsteinen, farbigen Kerzen und manchmal einem Altar oder Zauberstab.

WIE SIEHT EINE HEXE DES 21. JAHRHUNDERTS AUS?

Es ist unwahrscheinlich, dass du eine Hexe erkennst, wenn du sie auf der Straße siehst, weil sie garantiert nicht wie eine Dürer-Radierung oder *Disneys Maleficent* aussieht. Sie trägt eher Business-Klamotten und jongliert mit einem anspruchsvollen Job und familiären Verpflichtungen. Moderne Hexen verkünden ihre Berufung meist nicht, aber es gibt subtile Zeichen, auf die du achten kannst, wie ein Pentagramm oder ein Anch-Kreuz um den Hals (siehe *Zeichen und Symbole in der Hexenkunst,* Seite 61).

Bei einer Hexe zu Hause entdeckst du vielleicht Werkzeuge, wie beispielsweise Edelsteine auf einer Fensterbank, oder du bemerkst den Geruch von Räucherware. Viele Hexen praktizieren allein, aber es gibt auch Zusammenkünfte. Die Vorstellung von einem Hexenzirkel mag dich an die unheimlichen Schwestern in *Macbeth* erinnern, aber in Wirklichkeit treffen sich moderne Hexen genauso gerne zum Plaudern und tauschen Ideen aus wie jeder andere Mensch auch. Mangels Gleichgesinnter in der näheren Umgebung gibt es heute auch Online-Hexenzirkel, in denen weiße Hexen sich austauschen und Zauber ausführen.

ANZEICHEN,
DASS DU EINE HEXE BIST

Die meisten Menschen spüren, wenn sie eine natürliche Affinität zur Hexenkunst haben. Treffen einige dieser Aussagen auf dich zu?

★ Du fühlst dich vom Mystischen angezogen und bist empfindlich für die Energien der Natur.

★ Du bist zutiefst neugierig auf das Universum und seine unentdeckten Geheimnisse.

★ Mit deinen Intuitionen liegst du meist richtig.

★ Du spürst deine eigene persönliche Macht und Stärke.

★ Du bist fasziniert von den Geheimnissen des Lebens und dem, was dahinterliegen könnte.

★ Du reagierst empfindlich auf Wetterveränderungen und genießt es, die Kraft von Stürmen zu spüren.

★ Tiere fühlen sich zu dir hingezogen – Katzen und Hunde laufen dir nach.

★ Du hast eine natürliche Begabung zu heilen.

★ Du fühlst dich irgendwie anders als andere.

EINE KURZE GESCHICHTE DER HEXEN UND IHRER VERFOLGUNG

Die verbreitete Meinung zur Hexenkunst wurzelt immer noch sehr stark in Geschichten über schwarze Magie und geht auf die Hexenverfolgung vor allem des frühen 17. Jahrhunderts zurück. Um die Hexerei zu verstehen und um nachzuvollziehen, was es bedeutet, eine Hexe zu sein, müssen wir ihre Ursprünge und Auswirkungen betrachten – sowohl die guten wie auch die schlechten. Ein Großteil der weißen Hexerei hat seine Wurzeln in der heidnischen Praxis, die als Wicca bekannt ist. Die Ursprünge der Hexerei sind keineswegs einfach zu ergründen, aber wir können damit beginnen, indem wir uns eine Zeitleiste der in Europa praktizierten Hexerei ansehen.

WICCA KURZGEFASST

Wicca, auch bekannt als grüne Magie, wird oft als austauschbar mit weißer Hexerei betrachtet, aber obwohl Gemeinsamkeiten in der Verehrung der natürlichen Welt bestehen, sind sie nicht dasselbe. Wicca ist – anders als weiße Hexerei – eine heidnische (pagane) Religion, wenn auch eine moderne. Neopaganisten messen den Zyklen der Jahreszeiten und der Bewegung von Sonne und Mond hohe Bedeutung zu. Das Wort *Wicca* kommt vom angelsächsischen *wicce,* was weise bedeutet. Das englische Wort *witch* für Hexe ist von *Wicca* abgeleitet.

Wicca steht für die Wertschätzung der Natur, würdigt die Jahreszeiten, die Mondphasen, die Zyklen der Sonne und den Rhythmus der Natur und respektiert alles Leben. Die Ursprünge liegen in vorchristlicher Zeit, ein Großteil des Wissens darüber stammt allerdings aus neueren archäologischen Entdeckungen. Es gibt wenige schriftliche Belege, weil die christliche Kirche Hexen an den Pranger stellte. Hexen wurden als böse dargestellt, obwohl die Mehrheit ihre Fähigkeiten für das Gute, vorwiegend für die Heilkunde, nutzte und nutzt. Wicca-Anhänger und Hexen beten weder Satan an, noch beschwören sie

Dämonen und sie fördern kein kultisches Verhalten. Sie opfern niemals Lebewesen oder fügen anderen Schaden zu, noch haben sie den Wunsch, andere Religionen zu denunzieren.

Die ersten Wicca-Anhänger folgten den Lehren von Gerald Gardner, einem britischen Gelehrten des 19. Jahrhunderts, der die heidnischen Traditionen, mit der Natur zu arbeiten, und die Verwendung von Kräutern, Essenzen und anderen natürlichen Elementen zur Heilung wiederbelebte und eine Reihe von Büchern veröffentlichte, unter anderem *Witchcraft Today* von 1954.

Viele moderne Hexen ziehen es vor, Wicca genannt zu werden, um der negativen Konnotation der Bezeichnung als Hexe zu entgehen. Wicca lässt sich heute gut mit modernen ganzheitlichen Wohlfühlpraktiken, wie Reiki, Meditation und Aromatherapie, sowie mit spirituellen Interessensgebieten, wie Astrologie und Hellsehen, verbinden.

WICCA UND ENGEL

Einige Wicca-Anhänger glauben, dass ihnen Engel bei ihren Praktiken helfen. Engel sind in christlichen und anderen Religionen weit verbreitet, aber die Engel, die Wicca unterstützen, sind himmlische Wesen aus Liebe und Licht, die entweder als Beschützer oder Mentoren angesehen werden.

ZEITLEISTE ZUR HEXEREI

12 000 JAHRE V. CHR. – Höhlenmalereien aus der Altsteinzeit in Südfrankreich zeigen einen Mann mit Hirschkopf und eine schwangere Frau, die mit elf weiteren Figuren in einem Kreis stehen. Es wird angenommen, dass dies eine der frühesten Darstellungen von Hexerei ist. Experten vermuten, dass diese Bilder die Verehrung der Steinzeitmenschen für die Natur als Götter und Göttinnen darstellen. Der gehörnte Gott hatte die Oberhoheit über alle Tiere und die schwangere Frau wurde als die Schöpferin des Lebens anerkannt und verehrt. Es ist kein Zufall, dass die christliche Kirche den gehörnten Mann zum Teufel umdefinierte und damit solche Rituale als Teufelsanbetung ächtete und dämonisierte.

CA. 750 – 650 V. CHR. – In Homers *Odyssee* wird beschrieben, wie eine Zauberin namens Circe die Mannschaft des Helden Odysseus in Schweine verwandelt. Daraufhin bedroht dieser sie – wie von dem Gott Hermes empfohlen – mit seinem Schwert, bis sie seine Gefolgschaft in Menschen zurückverwandelt.

CA. 630 – 540 V. CHR. – Hexerei wird im Alten Testament verurteilt. Hexen tauchen in der Bibel auf, als König Saul das Gespräch mit der Hexe von Endor sucht.

 UM 420 – Der Kirchenvater Augustinus von Hippo weist die Hexerei als „Irrtum der Heiden" zurück. Seiner Ansicht nach war die Hexerei relativ harmlos, weshalb Hexen nicht verfolgt wurden.

 1208 – Papst Innozenz III. kritisierte öffentlich diejenigen, die behaupteten, dass sowohl Gott als auch Satan über übernatürliche Kräfte verfügten. Satan wurde gefürchtet, und die Angriffe auf Hexen nahmen zu, da man sie beschuldigte, dunkle Kräfte anzubeten.

 1273 – Thomas von Aquin, ein Dominikanermönch, erklärt, dass Dämonen existieren und Menschen zu bösen Taten verleiten können. Diejenigen, die Hexerei praktizierten, wurden weithin gefürchtet.

1400 – Hexenprozesse wurden in ganz Europa immer häufiger. Den Angeklagten wurde vorgeworfen, sich in Tiere verwandelt, böse Flüche und Seuchen verbreitet, schlechtes Wetter zur Zerstörung der Ernte verursacht zu haben und neben anderen Verbrechen auf Besenstielen geflogen zu sein.

1484 – Papst Innozenz VIII. ordnete einen umfassenden Bericht über mutmaßliche Hexereipraktiken an, was zur Veröffentlichung des *Malleus Maleficarum* („Hexenhammer") führte. Der Kodex wurde zur maßgeblichen Grundlage für die Bestimmung einer Hexe in einem Prozess und führte zu unzähligen Anklagen und Hinrichtungen.

1500 – Künstler der Renaissance, wie Albrecht Dürer, schufen Bilder von gruseligen alten Frauen mit Hakennasen, die das klassische Hexenbild bis in die heutige Zeit prägten.

MITTE 16. JH. BIS MITTE 17. JH. – Hexenprozesse wurden massenhaft in ganz Europa durchgeführt. Über einen Zeitraum von 150 Jahren wurden etwa 80 000 Hexen hingerichtet. Die größte Konzentration gab es in Deutschland, wo 26 000 Hexen (über 80 % Frauen) getötet wurden.

1563 – In England wurde ein Gesetz eingeführt, das diejenigen bestrafte, die Hexerei praktizierten oder Hexen konsultierten. Viele Menschen suchten die Dienste von Hexen, zum Beispiel wegen gesundheitlicher Probleme oder zum Wahrsagen, was den Kirchenvertretern missfiel. Die Kirche prangerte die Hexerei als Werk des Teufels an. Die meisten wegen Hexerei angeklagten Personen waren tatsächlich alte und arme Frauen. Wenn sie eine Katze besaßen, galt dies als weiterer Beweis dafür, dass sie eine Hexe waren.

1590 – Der schottische König James VI. (später König James I. von England) und seine neue Frau gerieten in einen heftigen Sturm, den ihr Kapitän Hexerei zuschrieb. Sechs Hexen gaben zu, den Sturm verursacht zu haben, und wurden auf dem Scheiterhaufen verbrannt. Der König beließ es nicht dabei, sondern autorisierte die Folterung und Hinrichtung mutmaßlicher Hexen in ganz Schottland, was zur größten Hexenjagd in der britischen Geschichte führte. Er veröffentlichte 1597 auch ein hexenfeindliches Buch, *Daemonologie,* von dem man annimmt, dass es Shakespeares *Macbeth* beeinflusst hat.

1606 – *Macbeth* von William Shakespeare wird zum ersten Mal aufgeführt. Die berühmte Eröffnung im ersten Akt, in der sich drei Hexen in einem Sturm beraten, zeigt, wie weit verbreitet das öffentliche Interesse an Hexerei zu dieser Zeit war.

1612 – 1632 – In der oberfränkischen Stadt Bamberg wütete die Hexenverfolgung besonders grausam. Etwa 1000 Menschen wurden getötet. 1627 wurde das Malefizhaus gebaut – ein Gefängnis nur für die Inhaftierung und Folter von Personen, die der Hexerei beschuldigt wurden.

ANFANG BIS MITTE DER 1640ER-JAHRE – Nach den Massenhexenverfolgungen in Großbritannien führte Frankreich seine eigene größte Hexenverfolgung der Geschichte mit über 600 Verhaftungen durch.

1645 – East Anglia, eine Region im östlichen England, wurde vom Hexenfieber erfasst. Der „Hexenfinder" Matthew Hopkins hatte die Aufgabe, alle Formen von Ketzerei und Hexerei aufzuspüren, wobei seine Schlussfolgerungen auf „Hexenmalen" basierten, wie einer haarigen Warze oder einem großen Leberfleck im Gesicht der Verdächtigten. Für den „Beweis" der Schmerzunempfindlichkeit von Hexen benutzte er einen Trickstachel mit einer langen Nadel, die sich in die Scheide zurückzog, wenn sie gegen die Haut gedrückt wurde, sodass die verdächtige Hexe nichts spürte. Eine weitere „Prüfung" war die „Wasserprobe", bei der Hexen gefesselt in einen Fluss geworfen wurden. Wenn sie schwammen, galten sie als Hexe, wenn sie ertranken, als unschuldig.

1682 – Temperance Lloyd aus Devon ist die letzte Frau, die in England wegen Hexerei hingerichtet wird.

1692 – 93 – In Massachusetts, USA, fanden die berüchtigten Hexenprozesse von Salem statt. Eine Gruppe junger Mädchen behauptete, vom Teufel besessen zu sein, da eine Reihe von Frauen in der Gegend Hexerei betrieben. Diese Behauptungen lösten eine Massenhysterie aus und führten zur Bildung eines Sondergerichts, das die der Hexerei Beschuldigten verurteilte, was zu 19 Hinrichtungen führte. Eine Studie, die 1976 in der Zeitschrift *Science* veröffentlicht wurde, berichtete über die Entdeckung, dass ein Pilz die Grundnahrungsmittel Roggen und Weizen befallen hatte, der Symptome wie Erbrechen, Anfälle und Halluzinationen verursachte. Über diese Symptome hatten diejenigen geklagt, die behaupteten, unter den Bann einer Hexe gestellt worden zu sein.

1735 – Der britische „Witchcraft Act" dieses Jahres hob die im 16. und 17. Jahrhundert eingeführten Gesetze auf. Die Aktualisierung des Hexereigesetzes spiegelte die moderne Sichtweise wider, dass Hexerei und Magie nicht mehr Teil des gesellschaftlichen Gefüges waren, sondern den Unwissenden, Abergläubischen und Kriminellen vorbehalten waren. Weniger harte Strafen wurden auferlegt, wie zum Beispiel Geld- und Gefängnisstrafen von bis zu 12 Monaten für jeden, der behauptete, magische Kräfte nutzen zu können.

1812 – *Grimms Märchen* erscheinen, in denen Hexen als böse alte Frauen aufgegriffen werden, die zum Beispiel Prinzessinnen verbannen *(Dornröschen)*, in Lebkuchenhäusern im Wald hausen und kleine Kinder fressen *(Hänsel und Gretel)* und dergleichen mehr. Diese Märchen prägten die negative Sicht vieler Generationen auf Hexen und Menschen mit magischen Fähigkeiten, denn es tauchen nur wenige positiv besetzte Figuren mit solchen Fähigkeiten auf.

1863 – Es gibt Hinweise auf eine Fortsetzung der Hexenjagd, wie zum Beispiel das Ertränken eines angeblichen Zauberers in Essex in England.

1880ER-JAHRE – Die Präraffaeliten, eine englische Künstlergruppe, entwarfen ein völlig neues Hexenbild: Hexen wurden nicht mehr als abstoßend dargestellt, sondern als junge, schöne Zauberinnen, wie auf dem Gemälde *The Magic Circle* von John William Waterhouse, das eine schöne Zauberin an ihrem Kessel mit einem Zauberstab in der Hand zeigt. Die beliebten Bilder der Präraffaeliten beeinflussten mit ziemlicher Sicherheit das Aussehen der glamourösen Hexen in Disney-Filmen wie *Schneewittchen und die sieben Zwerge* und *Dornröschen.*

1951 – Der letzte „Witchcraft Act" wurde in England aufgehoben, woraufhin Gerald Gardner, der Begründer der modernen Wicca-Bewegung, sein Buch *Witchcraft Today* veröffentlichte.

EIN HINWEIS

Es ist wichtig zu wissen, dass die der Hexerei Beschuldigten oft Christen waren, die zur Kirche gingen, aber zudem an Heilkräfte und Feen glaubten. Die Kirche war mit diesen Überzeugungen, die nicht ihrer Lehre entsprachen, nicht einverstanden und behauptete, sie seien abergläubisch und nicht gottgefällig.

Es gab aber auch Zeiten, in denen Hexerei von Gebildeten akzeptiert wurde und Gelehrte Astrologie und Geisterbeschwörung studierten. Hexerei im historischen Kontext ist eine christliche Vorstellung, während die zeitgenössische Hexerei ein relativ neues Konzept und Teil der breiteren Bewegung des Neopaganismus ist.

MÄNNLICHE HEXER

Hexerei ist nicht nur Frauen vorbehalten. Es gibt auch männliche Hexen, die es aber oft vorziehen, Zauberer genannt zu werden. Der englische Begriff *wizard* war im 15. und 16. Jahrhundert sowohl für männliche als auch für weibliche Praktizierende der Zauberei weit verbreitet. In der Fantasy-Literatur, in Legenden und in der Folklore jedoch ist der Zauberer typischerweise ein weiser alter Mann mit einer majestätischen Erscheinung. Er hat einen langen weißen Bart, trägt einen spitzen Hut und einen voluminösen Umhang, wie zum Beispiel Merlin aus der *Artussage*, Gandalf aus *Der Herr der Ringe* und in jüngster Zeit Albus Dumbledore aus der *Harry-Potter*-Reihe.

SPUREN VON HEXEREI

An Gebäuden in ganz Großbritannien wurden uralte Symbole entdeckt, von denen man einst glaubte, dass sie ihre Bewohner vor bösen Geistern schützen. Viele stammen aus dem 16. bis 18. Jahrhundert, als Häuser nur spärlich mit Talgkerzen beleuchtet waren. Sobald die Nacht hereinbrach, war es stockfinster. Einritzungen und Schnitzereien wurden in der Nähe von Türöffnungen und Fenstern angebracht. Die verschlungenen Linien sollten die Geister verwirren und einfangen, damit sie nicht eintreten konnten. Solche Schutzzauber wurden zum Beispiel an Shakespeares Geburtshaus in Stratford-upon-Avon und im Londoner Tower entdeckt.

Ein tiefer Mensch glaubt an Wunder und ist ihrer gewärtig, glaubt an Magie, glaubt, dass der Redner seinen Gegner vernichten kann, glaubt, dass der böse Blick verzaubern kann, glaubt, dass der Segensspruch, der aus dem Herzen kommt, heilen kann, dass Liebe unser Können erweitert und alle Hindernisse besiegt.

Ralph Waldo Emerson

WERKZEUGE FÜR
DIE HEXENKUNST DES
21. JAHRHUNDERTS

Es gibt eine Reihe von Gegenständen, die viele moderne Hexen für die Durchführung von Zaubern und Ritualen für unerlässlich halten. Das Internet macht die Beschaffung von magischen Zutaten und Geräten leicht und es muss keine kostspielige Angelegenheit sein. Du solltest immer das verwenden, was sich für dich richtig anfühlt – ein einfacher Zauber kann auch nur mit einer Kerze und einer Handvoll Dingen aus dem Garten oder Küchenschrank auskommen. Auf den folgenden Seiten findest du eine Liste an Werkzeugen, die von Hexen verwendet werden, um ihre Zauber und Rituale durchzuführen.

ALTAR

Ein Altar ist ein Ort, an dem du deine Gedanken und Energien auf die Durchführung von Zaubern und Ritualen konzentrieren kannst – obwohl er für die Magie nicht unbedingt erforderlich ist. Der Altar muss nicht groß sein, ein kleiner Tisch ist zum Beispiel ausreichend. Es ist der Ort, an dem du alle deine Werkzeuge aufbewahrst, wie deinen Zauberstab und dein *Buch der Schatten* (siehe Seite 46). Die vier Seiten des Tisches stehen für die vier Elemente: Erde, Luft, Feuer und Wasser. Gegenstände aus der Natur, die diese Elemente repräsentieren, sollten auf deinem Altar an entsprechender Stelle stehen:

 **Norden** – steht für die Erde. Gegenstände, die auf dem Altar Erdenergien repräsentieren, sind Blätter, Zweige, Steine, Salz und Edelsteine.

 Osten – steht für die Luft. Verwende Federn, Blütenblätter, eine Aromalampe oder eine hitzebeständige Schale zum Verbrennen von Räucherwerk als Altar-Gegenstände.

Süden – steht für das Feuer. Platziere hier Gegenstände wie Asche, Ziegel, Töpferwaren, einen kleinen Kessel zum Verbrennen von Kräutern oder Papier und deinen Zauberstab.

Westen – steht für das Wasser. Dies ist der Ort für gesammeltes Regenwasser in einer Schale, Muscheln, Treibholz und magische Steine (mit einem natürlich entstandenen Loch in der Mitte).

In der Mitte des Altars sollte Platz sein für eine oder mehrere Kerzen für deine Zauber.

Es ist wichtig, diesen Ort persönlich zu gestalten, sodass die Gegenstände, die du auswählst, mit dir resonieren. Stelle eine weiße Kerze auf den Altar und zünde sie gelegentlich an, um den Ort zu reinigen.

RÄUCHERWERK

Räucherwerk setzt beim Verbrennen Duftstoffe frei. Es ist in verschiedenen Formen erhältlich: Räucherkegel und -stäbchen, Pulver oder Klümpchen. Zum Hexen ist jede Produktform geeignet. Alle Formen können in einer hitzebeständigen Schale oder einem Kessel verbrannt werden. Auch aromatisiertes Öl ist für die Hexerei beliebt, da man es zum Salben von Kerzen und zum Erhitzen in einer Aromalampe verwenden kann.

ZAUBERSTÄBE

Zauberstäbe werden von modernen Hexen oft als Werkzeug genutzt, um die Magie auf einen bestimmten Ort zu lenken und Energie während eines Zaubers aufzubauen. Du musst kein Geld für einen Zauberstab ausgeben. Ein Zweig reicht aus, allerdings kannst du ihn nicht einfach vom nächsten Baum abreißen, sondern musst um den Segen des Waldes bitten, bevor du ihn nimmst. Verwende niemals grünes Holz, da es leicht bricht. Das beste Holz ist das, welches vom Baum gefallen und auf dem Boden getrocknet ist. Hasel wird traditionell für Zauberstäbe benutzt, da es Fairness, Gleichheit und Weisheit symbolisiert. Auch Treibholz, das von den Wellen geglättet wurde und noch die Energie des Meeres in sich trägt, ist geeignet.

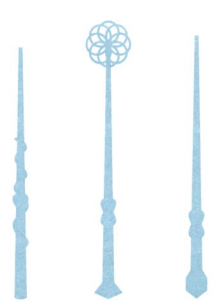

ZAUBERSTAB-HOLZ

Überlege dir, welche Arten von Zaubern du durchführen möchtest, um das am besten geeignete Holz auszusuchen. Hier findest du verschiedene Hölzer und ihre Eigenschaften:

Apfel – Liebe und Familie

Buche – Weisheit

Eberesche – Hellsehen und Schutz

Eiche – Stärke

Esche – Hellsehen und Glück

Haselnuss – Heilung und Weisheit

Kastanie – Gleichgewicht

Schlehe – Schutz

Weide – Heilung

Zypresse – Kommunikation mit den Toten

Entferne alle noch vorhandenen Blätter und lass deinen Zauberstab gründlich trocknen. Du kannst die Rinde entfernen und das Holz glätten. Viele Hexen ritzen Symbole in den Stab oder befestigen einen Edelstein an der Spitze.

DIE KRAFT DES MONDES

Bevor du den Zauberstab benutzen kannst, musst du ihn durch das Licht des Vollmonds reinigen und mit Macht aufladen. Richte ihn in einer Vollmondnacht auf den Mond, um dessen Kraft herabzuziehen. Auch andere Naturphänomene werden genutzt: Wenn du deinen Stab in einem Sturm liegen lässt, wird er mit Furchtlosigkeit aufgeladen, lässt du ihn im Regen liegen, wird er gereinigt und geläutert. Wenn du ihn auf einen Regenbogen richtest, wird seine Kraft zur Wunscherfüllung gestärkt.

DEN ZAUBERSTAB BENUTZEN

Die einfachsten Rituale, die du mit dem Zauberstab durchführen kannst, sind die für Anziehung und Abstoßung. Um etwas anzuziehen, sei es Glück, Liebe oder gute Nachrichten, kreist du mit der Spitze des Zauberstabs – erst klein, dann immer größer werdend –, während du dich auf das konzentrierst, was du anziehen möchtest. Visualisiere dein Ziel, so intensiv du es kannst. Verwende dieses einfache Ritual, um einen Gegenstand, zum Beispiel einen Edelstein, zu verzaubern oder um einen komplexeren Zauber zu verstärken. Um Negatives abzulenken, kreist du mit der Spitze des Zauberstabs gegen den Uhrzeigersinn und konzentrierst dich auf die Sache, die du bannen möchtest.

KERZEN

Kerzen sind eine relativ moderne Ergänzung zum Zaubern, da sie erst im 20. Jahrhundert erschwinglich wurden und leicht zu bekommen waren. Die moderne Hexe spricht ihre Zaubersprüche oft bei Kerzenlicht, da die Flamme ihre Energien und Wünsche bündelt. Je nach Art des Zaubers werden verschiedenfarbige Kerzen verwendet.

FARBIGE KERZEN FÜR
VERSCHIEDENE ZAUBER

Blau – Schutz vor bösen Geistern, Heilung

Gold – Wohlstand und Erfolg

Grün – Geld, Glück, Genesung von Krankheit, Wachstum

Rot – Glück, Liebe und Romanzen, Gedeihen und Heilung

Silber – Fruchtbarkeit, Erfolg

Weiß – Neuanfänge, Kreativität

RÄUCHERWERK,
KRÄUTER UND AROMEN

Bestimmte Aromen, die du durch das Abbrennen von Räucherwerk und Kräutern oder durch das Erwärmen von Öl in einer Aromalampe freisetzen kannst, fokussieren deinen Geist und sind – je nach Zauber – mit nützlichen Eigenschaften verbunden.

★ **Akazie** – für Hellsichtigkeit

★ **Basilikum** – für Geld und Fruchtbarkeit

★ **Blauregen** – zum Schutz

★ **Dill** – zum Schutz von neuem Leben

★ **Engelwurz** – zum Schutz

★ **Farn** – zur Förderung von Regenfällen

★ **Kamille** – für Glück, verbesserte Umstände oder Wohlstand

★ **Katzenminze** – für Liebe, Glück, Freundschaft und Mut

★ **Kiefer** – um negative Schwingungen zu ihren Absendern zurückzubringen

★ **Kirsche** – für die Liebe und Freundschaft

★ **Knoblauch** – zum Schutz und zum Vertreiben von Negativität

★ **Lavendel** – für guten Schlaf und um neue Liebe anzuziehen

★ **Lorbeer** – für die Aufhebung eines Fluches

★ **Minze** – für Heilung und Schutz

★ **Nelke** – zum Stoppen übler Nachrede

★ **Patchouli** – für Fruchtbarkeit

★ **Salbei** – zur Reinigung von schlechter Energie und für Abstoßungszauber

★ **Schnittlauch** – für die Vertreibung von Negativität

★ **Schwarzwurz** – für sicheres Reisen und Schutz

★ **Thymian** – für gute Gesundheit und Heilung

★ **Vetiver** – zum Schutz vor Dieben und schwarzer Magie

★ **Weide** – um Liebe anzuziehen

★ **Weihrauch** – für Glück

★ **Ylang-Ylang** – verstärkt Liebes- und Heilzauber

★ **Zeder** – um eine belastete Seele zu heilen

★ **Zimt** – um Geld anzuziehen

Wenn du dich im Internet auf die Suche begibst, wirst du noch viel mehr zu Aromen, Räucherwerk und deren Wirkung finden.

DIE KRAFT VON SALZ

Salz ist ein Konservierungsmittel, aber nicht nur im physikalischen Sinne. Es wird in der Hexenkunst zum Schutz und zur Reinigung verwendet. Seine magische Kraft – so glaubt man – bezieht es vom Mond, aufgrund seiner Gewinnung aus Wasser und der Anziehungskraft des Mondes auf die Gezeiten. Wenn du dich bedroht fühlst, umgib dich mit einer Linie aus Salz, bis das Gefühl vorbei ist. Viele Hexen haben bei der Durchführung von Zaubern etwas Salz zum Schutz auf ihren Altären.

BESEN

Der Besen ist ein klassisches Symbol der Hexerei, gehört aber in der Regel nicht zur Ausrüstung einer modernen Hexe. Das Ausfegen mit einem Besen war traditionell ein Weg, um bösartige Energie im Haus zu beseitigen und gute Energie anzuziehen. Wenn zum Beispiel jemand Unerwünschtes zu Besuch kam, glaubte man, dass er seine negative Energie in seinen Fußspuren hinterließ, und der Besen wurde benutzt, um die schlechte Atmosphäre wegzufegen. Das Querstellen eines Besens in einer Tür soll Feinde und böse Geister abwehren und viele Hexen haben ihn als Symbol ihrer gewählten Berufung im Haus. Es wird angenommen, dass das klassische Bild des Reitens auf einem Hexenbesen aus schamanischen Lehren stammt, als er für Rituale zur Seelenreise verwendet wurde: Der Besen wurde wie ein Steckenpferd gehalten und die Hexe reiste eher metaphorisch als buchstäblich.

BUCH DER SCHATTEN

Hier zeichnet eine Hexe ihre Rituale und Zaubersprüche auf, ähnlich wie in einem Tagebuch. Es ist hilfreich, sich den Zeitpunkt der Durchführung eines Zaubers, die verwendeten Zutaten, die Mondphase und das Ergebnis zu notieren. Der Begriff wurde von Gerald Gardner, dem Begründer des modernen Wicca, geprägt, da er empfahl, das Buch versteckt – „im Schatten" – aufzubewahren. Die Traditionen der Hexen und ihre Praktiken wurden durch solche Bücher bewahrt, obwohl viele im Laufe der Jahre verloren gingen oder zerstört wurden. Viele Hexen des 21. Jahrhunderts dokumentieren ihre Praktiken auf einem Computer (Aber vergiss nicht, ein Back-up zu erstellen!).

KESSEL

Traditionell ist der Kessel ein großes, gusseisernes Gefäß mit einer weiten Öffnung und drei Beinen. Die Form des Kessels repräsentiert Mutter Natur und den Mutterleib, die drei Beine beziehen sich auf die drei Mondphasen: zunehmend, voll und abnehmend. Wenn er auf oder neben einem Altar steht, repräsentiert der Kessel die Erde, da er einen praktischen Zweck hat. Wenn er benutzt wird, symbolisiert er jedoch alle Elemente. Kessel werden auch heute noch in der weißen Hexerei zum Mischen von Kräutern, zum Verbrennen von Räucherwerk und bei der Durchführung von Wunschzaubern verwendet: Mächtige Hoffnungen werden auf Papier geschrieben und im Kessel verbrannt.

ATHAME

Ein zweischneidiger Ritualdolch mit schwarzem Griff kann dazu benutzt werden, magische Worte und Symbole in Kerzen zu ritzen.

GLOCKEN

Glocken werden oft für Bannsprüche verwendet. Die Glocke wird geläutet, um eine schlechte Stimmung zu beseitigen.

KELCH

Auf dem Altar enthält ein Kelch oft Wasser oder Kräuter. Er wird häufig für Fruchtbarkeitszauber verwendet, da seine Schale, ähnlich wie der Kessel, den Schoß der Mutter darstellt.

SPIEGLEIN, SPIEGLEIN AN DER WAND

Spiegel können sehr mächtige Werkzeuge für die Magie sein, besonders wenn du dich bedroht oder schlechter Energie ausgesetzt fühlst. Wenn du feststellst, dass dir viel Unglück widerfahren ist, kann es sich so anfühlen, als ob du mit einem Fluch belegt bist. Der Geist ist sehr mächtig, und wenn Menschen negative Gedanken in deine Richtung schicken, besteht die Möglichkeit, dass dies dein Wohlbefinden beeinträchtigt. Folgendes einfache Ritual wird jeden Fluch zerstreuen: Besorge dir einige kleine Spiegel – Schminkspiegel sind ideal – und stelle sie nach außen gerichtet auf jede Fensterbank im Haus. Die Spiegel werden jede Negativität direkt zu ihrer Quelle zurücklenken.

Die Kraft liegt in dir

Es gibt noch viele andere Werkzeuge, die in der Hexerei verwendet werden können, aber sie sind alle nicht wesentlich. Eine Hexe erzeugt die Magie vor allem mit der Kraft ihrer Gedanken und ihrer Intention. Für die Grundausstattung einer Hexe reichen Kerzen, ein Pentagramm, ein paar Edelsteine und Räucherwerk.

DER TIERISCHE FREUND DER HEXE

Der Vertraute einer Hexe ist ihr tierischer Freund und Ver-
bündeter, der ihr bei magischen Zaubern hilft. Viele Tiere
werden mit Hexerei in Verbindung gebracht, aber keine
mehr als schwarze Katzen. Es gibt zahlreiche Berichte über
Frauen, die als Hexen verbrannt wurden, weil es Gerüchte
gab, dass sie sich in schwarze Katzen verwandelten, um
nächtliches Unheil anzurichten. Man denke nur an den
Aberglauben, dass es Unglück bringt, den Weg einer schwar-
zen Katze zu kreuzen.

Auch die Fledermaus wird mit Hexerei assoziiert. Im Mittel-
alter wurde eine fliegende Fledermaus für eine verkleidete
Hexe gehalten. Im Frankreich des 14. Jahrhunderts wurde
eine unglückliche Frau auf dem Scheiterhaufen verbrannt,
weil man eine Kolonie von Fledermäusen über ihrem Haus
gesehen hatte. Andere Tiere, die als geeignete und treue Vertraute gelten, sind Hunde, Krähen, Kröten und Frettchen,
anderswo werden Paviane noch heute wegen ihrer Verbindung zum magischen Reich verfolgt. Ob du dich für eine
schwarze Katze (oder einen Pavian!) entscheidest, bleibt dir
überlassen.

Liebe
ist der Grund
der Möglichkeit
der Magie.

Novalis

DIE KRAFT DER EDELSTEINE

Wie alle von der Natur geformten Materialien sind auch Edelsteine mit magischer Naturenergie behaftet. Jeder Stein besitzt unterschiedliche Energien und Eigenschaften. Auf den folgenden Seiten findest du einige der stärksten Steine.

ACHAT

Dies ist ein beruhigender und positiver Stein, der den Träger vor Gefahren schützt. Er gibt Mut in Zeiten von Veränderungen.

AMETHYST

Lege einen dieser violetten Quarze neben dein Bett, um den Schlaf zu fördern, besonders wenn du dich ängstlich fühlst.

AQUAMARIN

Dieser eisblaue Stein symbolisiert Hoffnung und Glück. Er wird oft auf Reisen getragen, da er schützende Eigenschaften hat und hilft, Missgeschicke zu verhindern.

BERNSTEIN

Wenn du viel Negativität erlebst, hilft Bernstein, die schlechten Energien zu vertreiben. Er gilt als Problemlöser, bereinigt Missverständnisse und Meinungsverschiedenheiten.

FLUORIT

Fluoreszenz wurde zuerst in diesem Stein beobachtet, daher sein Name. Er wird verwendet, um negative Energie zu absorbieren und Positivität und Gleichgewicht zu fördern. Fluorit hat heilende Eigenschaften, besonders bei Beschwerden im Zusammenhang mit der Haut und dem Nervensystem.

HÄMATIT

Die Energie in diesem glänzenden grauen Stein hilft bei Kreislaufschwäche und Konzentrationsproblemen. Er ist besonders gut für lange Rituale geeignet, da er den Geist frisch und wach hält. Er wird auch in Zaubern verwendet, die das Glück im Leben fördern sollen.

JADE

Dieser üppig grüne Stein symbolisiert Langlebigkeit und Stärke. Er wird beim Zaubern für die Erlangung von Wissen verwendet und kann helfen, Konflikte zu lösen.

KARNEOL

Dieser feurige, orange Stein hat belebende Kräfte und verstärkt sinnliche Zauber. Er hilft, negative Bindungen zu durchtrennen, die dein Wohlbefinden belasten.

LAPISLAZULI

Dieser tiefblaue Stein steht für Weisheit und Intellekt und heilt Kopf- und Halsschmerzen. Er hat auch hellseherische Eigenschaften. Lapislazuli-Schmuck wird häufig von Hexen getragen, um ihnen zu helfen, ihre übersinnlichen Fähigkeiten zu nutzen.

MONDSTEIN

Dieser milchig weiße Stein hat eine Verbindung zu seinem Namensgeber, dem Mond. Er wird mit den Mondphasen, mit Weiblichkeit und Fruchtbarkeit assoziiert und findet in Zaubern für Hellsichtigkeit und Fruchtbarkeit Verwendung.

QUARZ

Klarer Quarz ist einer der am häufigsten vorkommenden Edelsteine und hat unter ihnen die weitreichendsten Eigenschaften. Er kann ein mächtiger Katalysator in Wunschzaubern sein und hilft bei der Heilung von sowohl körperlicher als auch emotionaler Unausgeglichenheit – in jeder Situation, die gut ausgehen muss. Wenn du am Anfang deiner Reise in der Hexerei stehst, ist dieser Kristall der ideale Begleiter.

ROSENQUARZ

Dieser blassrosa Stein wird mit der Liebe assoziiert. Lege Rosenquarz auf Fensterbänke, um der Liebe zu helfen, in und aus deinem Haus zu fließen, und verwende ihn für Zauber, die Liebe in dein Leben bringen sollen. Es wird auch angenommen, dass er die Nerven beruhigt und Sorgen lindert – stecke dir einen Stein in die Tasche, wenn du einen schwierigen Tag vor dir hast.

TIGERAUGE

Mit den goldenen und braunen Streifen, die seinem Namensvetter ähneln, wird dieser Kristall für die Hellseherei verwendet und bei Zaubern eingesetzt, die helfen sollen, wichtige Ereignisse – gute und schlechte – vorherzusehen, damit du vorgewarnt bist. Aber auch Lösungen für bevorstehende Schwierigkeiten können mit diesem Stein gesucht werden. Darüber hinaus werden seine Kräfte angerufen, wenn es darum geht, Arbeit zu finden.

SO PFLEGST DU DEINE EDELSTEINE

Bewahre deine Edelsteine, solange sie nicht für Zauber verwendet werden, in einer mit Stoff ausgeschlagenen Schachtel oder Tasche auf. Lade sie vor einem Zauber mit Energie auf, indem du sie bei Vollmond draußen liegen lässt, um das Licht einzufangen. Reinige sie regelmäßig mit Salz, um verbrauchte Energien wieder abzuwaschen.

HÜHNERGÖTTER

Für Kieselsteine oder Felsen mit einem natürlich vorkommenden Loch in der Mitte gibt es den lustigen Namen Hühnergott. In der Hexenkunst werden diese Steine für viele Zwecke eingesetzt, wie den Schutz für zu Hause oder auf Reisen. Einige Fischer haben bis heute eine Kette aus Hühnergöttern an ihren Booten hängen. Oft werden sie auf eine Schnur aufgefädelt und in ein Fenster oder eine Tür gehängt – oder an ein Bettgestell, um Albträume abzuwehren.

Es hat in
unserer Mitte
Zauberer und
Zaubererinnen,
aber niemand
weiß es.

Hugo von Hofmannsthal

ZEICHEN UND SYMBOLE
IN DER HEXENKUNST

Symbole sind in der weißen Hexerei sehr wichtig. Das Pentagramm ist das bekannteste von ihnen, aber es gibt viele andere, die unterschiedliche Eigenschaften haben, wie Heilung, Hellsichtigkeit und Fruchtbarkeit. Auf den folgenden Seiten findest du einige der am häufigsten verwendeten Zeichen für Zauberei.

PENTAGRAMM

Das Pentagramm ist ein fünfzackiger Stern, der von einem Kreis umgeben ist. Es ist ein wichtiges Symbol in der Hexenkunst und gilt als mächtiger Schutz gegen böse Kräfte. Jede Spitze repräsentiert ein Element: Erde, Luft, Feuer und Wasser, wobei das fünfte Element, die oberste Spitze, für den Geist steht. Der Kreis um den Stern symbolisiert die Ewigkeit, den Kreislauf des Lebens und der Natur und dient auch als Schutzfeld. Manche Hexen tragen einen Pentagramm-Anhänger um den Hals – zum Schutz und als unauffällige Möglichkeit für andere Hexen, sie zu erkennen.

Bei der Durchführung von Zaubern sollte ein Pentagramm präsent sein. Es ist schön, ein eigenes zu kreieren: Zeichne es auf ein Stück Papier oder forme eines aus Draht bzw. stelle etwas Aufwendigeres her, wie ein Gemälde auf einem Teller. Die Größe spielt keine Rolle. Sobald du dein Pentagramm-Symbol hast, muss es dem Licht des Vollmonds ausgesetzt werden, um es mit positiver und schützender Energie aufzuladen. Lass es am besten über Nacht draußen stehen. Wenn dies geschehen ist, lege dein Pentagramm auf den Altar oder halte es nah bei dir, während du Zauber ausführst.

UMGEKEHRTES PENTAGRAMM

Wenn das Pentagramm-Symbol auf den Kopf gestellt wird, kann es eine dunkle Bedeutung haben. Satanisten benutzen es, aber das liegt nicht an seiner Bedeutung in der Hexerei. Bei den frühen Christen stand das Pentagramm als Symbol für Jesus Christus, und es auf den Kopf zu stellen, entweihte das Christentum und seine Lehren. Manche weißen Hexen verwenden deswegen niemals ein umgekehrtes Pentagramm. Es gibt aber auch noch weitere Bedeutungen.

ANCH

Dieses Symbol, das wie ein Kreuz mit einer Schleife oben aussieht, ist das altägyptische Symbol für ewiges Leben. Es wird in Schutzzaubern und zur Abwehr von Gefahren verwendet.

KELTISCHER KNOTEN

Dieses Symbol sieht aus wie ein aus Knoten zusammengesetztes Schild und wird, wie das Anch-Symbol, als Schutztalisman benutzt. Die vier Ecken des Knotens stehen für die Elemente Erde, Luft, Feuer und Wasser.

DIE ERDE

Das auf dem Kopf stehende gleichseitige Dreieck mit horizontaler Linie im Inneren wird in Zaubern verwendet, um Familien zu vereinen und Gesundheit und Wohlstand zu fördern.

DIE LUFT

Ein gleichseitiges Dreieck mit einer horizontalen Linie im Inneren steht für die Verbindung zu unserer Seele und unseren innersten Gedanken. Es wird in Zaubern für Weisheit und die Verbesserung der Kommunikation verwendet.

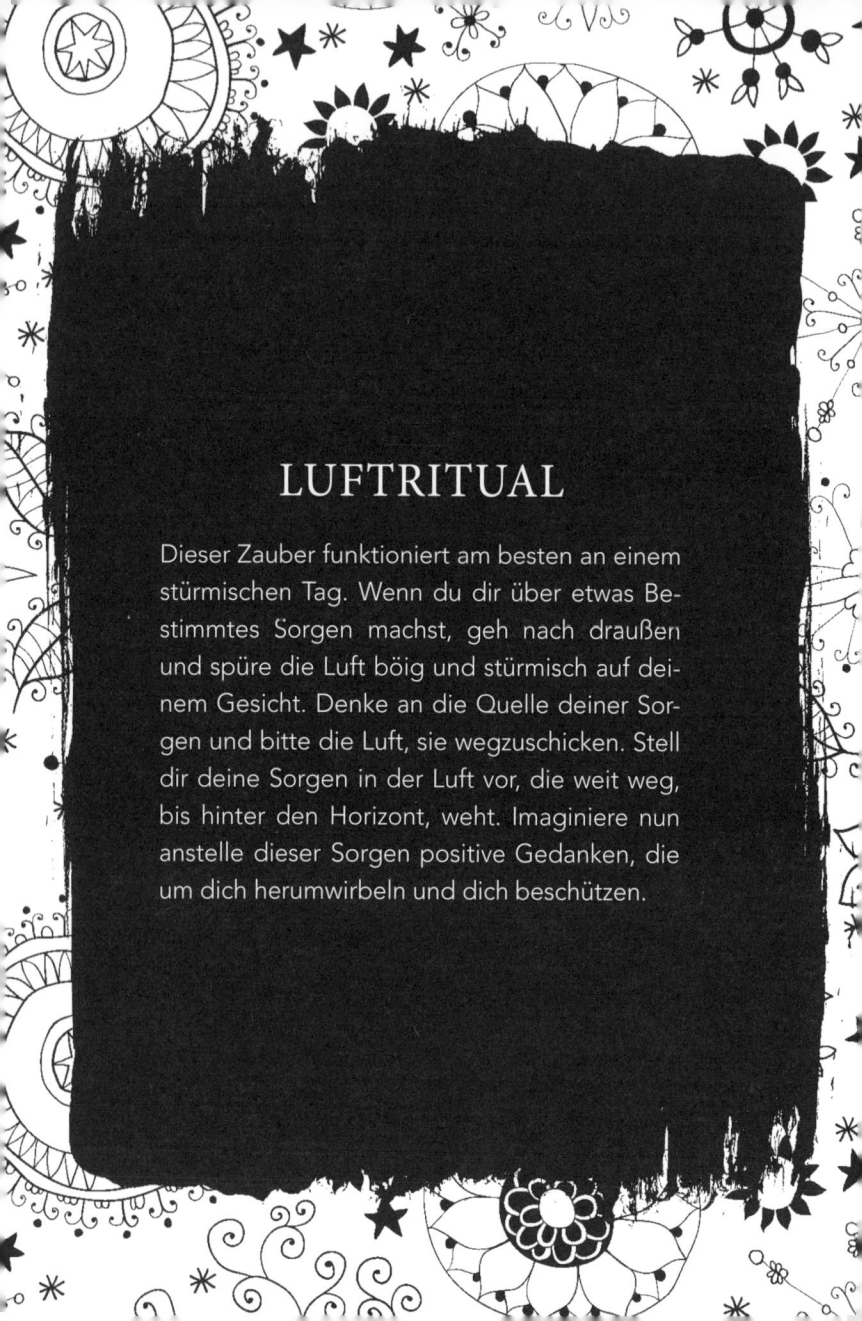

LUFTRITUAL

Dieser Zauber funktioniert am besten an einem stürmischen Tag. Wenn du dir über etwas Bestimmtes Sorgen machst, geh nach draußen und spüre die Luft böig und stürmisch auf deinem Gesicht. Denke an die Quelle deiner Sorgen und bitte die Luft, sie wegzuschicken. Stell dir deine Sorgen in der Luft vor, die weit weg, bis hinter den Horizont, weht. Imaginiere nun anstelle dieser Sorgen positive Gedanken, die um dich herumwirbeln und dich beschützen.

DAS FEUER

Das gleichseitige Dreieck symbolisiert männliche Energie und sowohl Zerstörung als auch Schöpfung. Es wird in Zaubern für Transformation, Wachstum und Veränderung verwendet.

DAS WASSER

Ein auf dem Kopf stehendes gleichseitiges Dreieck, das weibliche Energie und den Mond symbolisiert, weshalb dieses Symbol, besonders bei zunehmendem Mond oder Vollmond, für Liebes- und Gefühlszauber verwendet wird. Es wird auch für das Wahrsagen mit Wasser benutzt (siehe Wahrsagezauber, Seite 123), um die Hellsichtigkeit zu unterstützen.

DER GEHÖRNTE GOTT

Ein Kreis mit einem Hörnerpaar an der Spitze ist ein Wicca-Symbol für männliche Naturgottheiten, wie zum Beispiel Herne oder Pan. Es wird in Fruchtbarkeitsritualen verwendet.

DER DREIFACHMOND

Dies ist ein Vollmond mit zwei Halbmonden – der zunehmende Mond vor dem Vollmond, der abnehmende nach dem Vollmond. Dieses Symbol wird auch mit Weiblichkeit assoziiert und in Ermächtigungszaubern und zur Nutzung der Kraft des Mondes verwendet.

DIE TRIQUETRA

Drei ineinandergreifende Ellipsen symbolisieren im Christentum die Heilige Dreifaltigkeit, in der Hexerei repräsentiert das Symbol die Macht der Drei. In der Serie *Charmed – Zauberhafte Hexen* wird dieses Symbol verwendet, um die kombinierte magische Kraft der drei Schwestern darzustellen.

DAS JAHRESRAD

Der Kreis mit acht Segmenten stellt das Hexenjahr dar. Zu jedem Segment gehört einer der saisonalen Feiertage – genannt Sabbate –, die von Hexen und Anhängern des Neopaganismus begangen werden: Imbolc, Ostara, Beltane, Litha, Lughnasadh, Mabon, Samhain und Jul.

HEXENRUNEN

Hexenrunen werden zur Weissagung verwendet und sind im Allgemeinen mit der Wahrsagerei verbunden. Die Symbole sind auf gleich große Steine gemalt oder in sie eingeritzt, und die Person, die sich ihre Zukunft voraussagen lässt, muss die Runen wie Würfel werfen. Es gibt acht Symbole, die von einer Sonne, die als einfaches „Ja" als Antwort auf eine Frage gelesen werden kann, bis hin zu einem Paar ineinandergreifender Ringe reichen, die Liebe und Vereinigung symbolisieren. Hexen, die Runen verwenden, ritzen die Symbole oft in Wachs für Kerzenzauber ein (siehe Seite 144).

MAGISCHE TAGE UND MOMENTE

Der richtige Moment ist wichtig, wenn du einen Zauber sprichst. Der Wochentag, die Mondphase und der Zeitrahmen können einen erheblichen Einfluss auf das Ergebnis haben. Zum Beispiel wird ein Liebeszauber am besten an einem Freitag und bei zunehmendem oder vollem Mond durchgeführt, während ein Zauber, der Negativität vertreiben soll, während einer abnehmenden Mondphase wirksamer ist. In diesem Kapitel wird erklärt, warum das so ist, und du erhältst alle Informationen, die du benötigst, um deine Zaubersprüche bestmöglich zu timen.

DIE MONDPHASEN

Der Mond hatte schon immer eine starke spirituelle Bedeutung für Hexen, und viele Hexen sprechen ihre Zaubersprüche in Übereinstimmung mit den Mondphasen, da jede Phase eine Relevanz für verschiedene Arten von Zaubern hat. In vielen Taschenkalendern sind die Mondphasen bereits eingetragen oder du findest sie online.

Neumond: **NEUANFÄNGE**

Dies ist die perfekte Zeit für Zaubersprüche, die Neuanfänge ankündigen, da der Neumond für positive Veränderungen steht. Nutze seine Kraft für die Suche nach Arbeit, neuer Liebe oder einem neuen Zuhause. Es ist auch eine wirksame Zeit für Fruchtbarkeitszauber.

Zunehmender Mond: **WACHSTUM UND BLÜTE**

Dies ist die Zeit, in welcher der Mond jede Nacht zunimmt, bis er zum Vollmond wird. Diese Phase ist gut für Anziehungszauber – solche, die Geld bringen, die Gesundheit verbessern oder Freunde und Partner anziehen.

Vollmond: **VOLLE KRAFT**

Dies ist die mächtigste Zeit für Magie, also nutze diese Phase weise für Schutz-, Liebes-, Geld- und Gesundheitszauber. Einige Hexen verfügen während des Vollmonds über erhöhte übernatürliche Kräfte.

WAS, WENN DER MOND NICHT SICHTBAR IST?

Dein Zauber oder Ritual profitiert auch in einer bewölkten oder regnerischen Nacht von der Kraft des Mondes. Das Mondlicht verbessert natürlich die magische Atmosphäre beim Zaubern, aber es ist für die Ausführung eines Zaubers, bei dem die Mondphase relevant ist, nicht zwingend nötig.

Abnehmender Mond:
ENTFERNEN UND LOSLASSEN

Wenn der Mond am Himmel kleiner wird, ist das die ideale Zeit für Vertreibungszauber, zum Beispiel wenn du negative Kräfte aus deinem Leben verbannen, eine schwierige Situation überwinden oder einen zänkischen oder ängstlichen Menschen beruhigen willst.

Dunkler Mond: INTROSPEKTIVE

Der Mond scheint unsichtbar zu sein. Diese Phase beginnt drei Tage vor dem tatsächlichen Neumond. Diejenigen, die dunkle Magie betreiben, sind zu dieser Zeit besonders aktiv. Viele weiße Hexen entscheiden sich dafür, in dieser Zeit nicht zu zaubern, während andere die Tage des dunklen Monds als eine gute Zeit für Zauber zum Durchbrechen negativer Zyklen und zum Herbeiführen von Gerechtigkeit ansehen.

 ## Mondfinsternis:

Dies ist ein äußerst günstiger Zeitraum, um Zauber-sprüche auszuführen. Bedenke, dass eine Mond-finsternis nur bei Vollmond auftritt, du also ohnehin mit Vollmond-Energie arbeitest. Sei besonders vor-sichtig, wenn du während dieser Zeit zauberst, und wähle deine Worte und Zaubersprüche weise.

KANN ICH AUCH TAGSÜBER ZAUBER DURCHFÜHREN?

Traditionell werden Zauber abends oder nachts gewirkt, können jedoch zu jeder Tageszeit durchgeführt werden, auch wenn sie von einer bestimmten Mondphase abhängig sind. Wich-tig ist vor allem, wann du Ruhe hast und einem Zauberspruch oder Ritual deine volle Konzen-tration schenken kannst.

DER EINFLUSS
DER WOCHENTAGE

Jeder Tag bezieht sich auf einen Planeten und eine Farbe, und bestimmte Zauber haben eine zusätzliche Resonanz, wenn sie an einem bestimmten Tag ausgeführt werden.

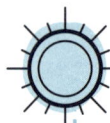

SONNTAG

Der beste Tag für Zauber zum Erreichen persönlicher Ziele, wie zum Beispiel die Suche nach einem Job und neuen Einnahmequellen, sowie die Verbesserung von Selbstvertrauen, Gesundheit und Wohlbefinden.
(Repräsentiert durch die Sonne und die Farbe Gold)

MONTAG

Ideal für Zaubersprüche, die mit Familie und Heilung zu tun haben.
(Mond und Silber)

DIENSTAG

Der Tag steht im Zeichen der Leidenschaft, wenn auch nicht unbedingt für Herzensangelegenheiten – es kann sich auch um ein persönliches Ziel handeln, das du erreichen möchtest.
(Mars und Rot)

MITTWOCH

Ein besonders guter Tag, um Geld- und Geschäfts-
zauber zu wirken.
(Merkur und Gelb)

DONNERSTAG

Der Tag bringt Kraft für Zauber, die mit Beziehungen verbunden sind – persönliche wie auch berufliche. Ebenfalls sind alle Aspekte des Lernens und
des Erlangens von Weisheit starke Themen.
(Jupiter und Blau)

FREITAG

Er ist wie gemacht für Liebeszauber, aber auch für
Fruchtbarkeitszauber und Zauber, welche die Krea-
tivität betreffen.
(Venus und Rosa)

SAMSTAG

Der Tag ist günstig für Zauber, die sowohl ein Ende
als auch einen Neubeginn bedeuten, und für das
Verbannen schlechter Gewohnheiten.
(Erde und Braun)

QUATEMBER-TAGE

Diese magischen Tage gibt es viermal im Jahr, vor einer Sonnenwende oder Tagundnachtgleiche. Sie gelten als „Schwellenzeiten", in denen Hexen mächtiger, aber auch anfälliger für böse Geister sind, und werden für Schutzzauber gegen negative Kräfte in Vorbereitung auf die Geburt der neuen Jahreszeit genutzt.

HALLOWEEN

Halloween ist ein wichtiger Tag für Paganisten, da er den Beginn des neuen keltischen Jahres markiert. Der 31. Oktober wird auch als Samhain bezeichnet, einer der vier heiligsten Tage im Wicca-Kalender. Es ist das ideale Datum, um Zaubersprüche auszuführen, die helfen, persönliche und berufliche Ziele im kommenden Jahr zu erreichen. Dies sind die anderen heiligen Tage, die mit den Mondzyklen verbunden sind: Imbolc (1. Februar), Beltane (30. April) und Lughnasadh (31. Juli).

PRAKTISCHE MAGIE

WIE FUNKTIONIEREN ZAUBER?

Geist und Verstand sind die mächtigsten Werkzeuge einer Hexe. Von deiner Hexenkunst einmal abgesehen, führt es zu positiven Ergebnissen, wenn du dich auf deine Absichten und Ziele konzentrierst und sie festhältst, ganz gleich, ob du eine Liste führst oder sie in einem Moodboard visualisierst. Das Wirken eines Zaubers benutzt die Kraft des positiven Denkens, so wie die meditative Visualisierung. Diese Gedanken werden mit den magischen Energien der Natur zusammengeschlossen, indem die vier Elemente – Erde, Luft, Feuer und Wasser – über natürlich vorkommende Materialien, wie Edelsteine und Räucherwerk, deine Energien für den Zauber fokussieren.

Es gibt keine Einschränkungen hinsichtlich der Gegenstände, die du für einen Zauber verwenden kannst, insofern sie eine Resonanz und persönliche Verbindung für dich in Bezug auf den Zauber haben, den du durchführst. Verstehe die in den folgenden Kapiteln beschriebenen Zauber als Leitfaden und orientiere dich an deinen ganz eigenen Gefühlen, um den Zauber für dich persönlich zu gestalten und seine Macht zu maximieren.

CHAKREN UND ZAUBER

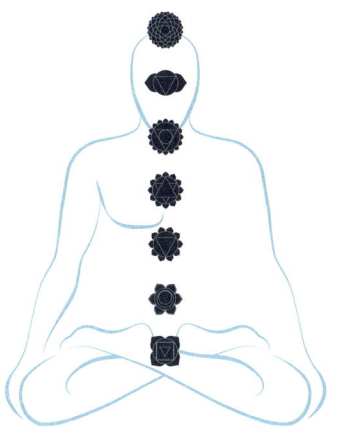

Viele weiße Hexen glauben, dass ihre innere Kraft von ihren Chakren, also den Energiepunkten im Körper, kommt. Das Wort „Chakra" bedeutet im Sanskrit Rad oder Scheibe, und die Chakra-Reinigung ist Teil vieler Yoga- oder Heilmethoden, wie Ayurveda und Reiki. Es gibt sieben Chakren im Körper, und jedes ist mit einer bestimmten Eigenschaft und Farbe verbunden:

SCHEITEL

An der Oberseite des Kopfes. Assoziiert mit Spiritualität, innerer und äußerer Schönheit.

Farbe: Violett

STIRN

Auch bekannt als „Drittes Auge". Befindet sich in der Mitte der Stirn. Assoziiert mit übersinnlichen Fähigkeiten und Intuition.

Farbe: Indigo

KEHLE

Befindet sich im Hals. Zusammenhang mit Selbstausdruck, Kommunikation und Kreativität.

Farbe: Blau

HERZ

Am Herzen. Verbunden mit Gefühlen der Liebe, sowohl zu anderen als auch zu sich selbst.

Farbe: Grün

SOLARPLEXUS

Beim Nabel. Bezieht sich auf die innere Kraft und Stärke.

Farbe: Gelb

SAKRAL

Nah der Prostata bei Männern und nah der Eierstöcke bei Frauen. Bezug auf die sexuelle Gesundheit und das emotionale Gleichgewicht.

Farbe: Orange

WURZEL

An der Basis der Wirbelsäule im Steißbein. Assoziation mit Erdung und Ausgeglichenheit.

Farbe: Rot

Die Chakren-Farben sind die des Regenbogens. Dies ist bei der Auswahl von Edelsteinen für die Hexerei von Bedeutung, da deren Farbe dir einen klaren Hinweis auf ihre Eigenschaften in Bezug auf den menschlichen Geist und Körper gibt. Da Grün mit dem Herzchakra assoziiert ist, werden grün gefärbte Steine, wie Jade und Smaragd, verwendet, um Emotionen auszugleichen, blaue Steine, wie Lapislazuli, helfen bei Kommunikation und klarer Sprache, während der violette Amethyst hilft, das spirituelle Bewusstsein zu erhöhen.

Eine einfache Möglichkeit, dich mit deinen Chakren und deiner inneren Kraft zu verbinden, ist die Meditation. Zünde sieben Kerzen an – eine von jeder Farbe, die ein Chakra repräsentiert. Dann konzentriere dich, beginnend mit dem Wurzelchakra, auf ein Chakra nach dem anderen, von der Wurzel bis zum Scheitel. Wenn du ein Ungleichgewicht in einem bestimmten Bereich verspürst, versuche eine Meditation mit nur einer farbigen Kerze, die diesem Chakra entspricht. Alternativ verwende einen entsprechenden Edelstein, lege ihn auf das Chakra und mach beruhigende Atemzüge, während du dir vorstellst, dass heilende Energie durch deinen Körper fließt.

AUF DAS ZAUBERN VORBEREITEN

Um in der richtigen Haltung für einen Zauber zu sein, befreie deinen Kopf von äußeren Einflüssen, Gedanken und Sorgen. Eine der besten Möglichkeiten, den Geist zu beruhigen, ist die Durchführung einer Achtsamkeitsübung. Es gibt viele verschiedene Formen der Meditation, die du erkunden kannst, aber die folgende einfache Übung wird dir den Anfang erleichtern.

Setze dich für etwa zehn Minuten an einen ruhigen Ort, an dem du nicht gestört wirst. Zünde eine Kerze an, konzentriere dich auf die tanzende Flamme und lass deine Augen glasig werden. Höre auf die Geräusche um dich herum, nimm bewusst wahr, welche Gedanken in deinem Kopf sind, und dann lass sie ziehen. Stimme dich auf deinen Körper ein. Konzentriere dich auf deine Atmung und erlaube es deinem Bauch, sich zu heben und zu senken. Stell dir vor, dass du das Kerzenlicht einatmest und jeder Atemzug deinen Körper mit dem goldenen Licht der Kerze durchflutet. Sobald du dich ruhig, konzentriert und mit Energie aufgeladen fühlst, bist du für die Durchführung deines Zaubers bereit.

DINGE, DIE VOR DEM ZAUBERN ZU BEACHTEN SIND

Vergewissere dich, dass deine Absichten gut sind – besonders, wenn du einen Liebeszauber oder einen Zauber sprichst, der eine andere Person betrifft. Wenn du dich zum Beispiel schnell verknallst und willst, dass dein aktueller Schwarm Notiz von dir nimmt, sei auf die Aufmerksamkeit vorbereitet. Ein Zauber dieser Art ist schwer rückgängig zu machen.

Berücksichtige die Mondphase für den richtigen Zeitpunkt des Zaubers. Einen Geldzauber solltest du zum Beispiel nie bei abnehmendem Mond ausführen, da er den gegenteiligen Effekt haben könnte. Ab Seite 72 findest du Informationen über die Mondphasen.

Glaube an dich! Wie beim Ausprobieren von allem Neuen im Leben wirst du am Anfang etwas zögerlich bei der Ausführung von Zaubern sein und wahrscheinlich an deinen Fähigkeiten zweifeln. Glaube daran, dass du es kannst, und du wirst es tun!

LAUT UND DEUTLICH

Worte können eine mächtige Rolle beim Zaubern spielen, also sollte deine Stimme genauso deutlich wie deine Absichten sein. Damit sich der Zauber etwas schneller manifestiert, kann es helfen, die Worte (außerhalb der Hörweite von anderen) laut auszusprechen, anstatt sie zu flüstern oder als Gedanken zu übertragen. Es funktioniert ähnlich wie das laute Sprechen von Affirmationen. Probiere die folgende Übung aus – du wirst dich viel besser fühlen:

1. Nutze einen ruhigen Moment am Tag und setze dich irgendwo hin, wo du eine schöne Aussicht hast – es könnte der Blick aus einem Fenster sein oder auf ein Bild, das du besonders magst.

2. Sprich beim Betrachten die Worte „Ich bin dankbar für all die guten Dinge, die ich in meinem Leben habe".

3. Höre auf deine Stimme, während du diese Worte sprichst, und wiederhole sie mehrmals.

4. Dies sollte dich mit einem positiven und vertrauensvollen Gefühl in die Ordnung des Lebens zurücklassen.

DEINEN ALTAR VORBEREITEN

Der Altar ist dein spezieller Ort für das Wirken von Zaubern und sollte vor der Durchführung eines Zaubers oder Rituals gereinigt werden. Zünde zum Beispiel einfach eine weiße Kerze an und stell dir vor, dass weißes, schützendes Licht deinen Altar umgibt. Oder zieh mit deinem Zauberstab im Uhrzeigersinn einen Kreis in die Luft über deinem Altar und visualisiere auch ihn als ein schützendes Licht um den Altar.

ZAUBER UND RITUALE

Nun, da du dir einen Altar geschaffen hast, an dem du arbeiten kannst, und die wichtigsten Werkzeuge für die Hexenkunst kennengelernt hast, kannst du damit beginnen, Zauber auszuführen. Du findest in diesem Kapitel einige Zauber und Rituale zum Ausprobieren.

Betrachtest du eine Wiese mit Löwenzahn, kannst du entweder hundert Unkrautpflanzen oder tausend Wünsche sehen.

Unbekannt

LIEBESZAUBER

ZAUBER, DER BEWIRKT, DASS EINE SPEZIELLE PERSON AN DICH DENKT

Mondphase: zunehmend oder voll

Wochentag: Freitagabend

Das brauchst du:

Kessel oder hitzebeständige Schale

Foto der Person oder ihren Namen auf ein Stück Papier geschrieben

rote, weiße oder rosa Kerze

Kirsch-Räucherwerk

Entferne alles, was dich ablenken könnte. Dieser Zauber erfordert Konzentration. Stelle die Kerze zusammen mit dem Foto oder Namen der Person in die Mitte deines Altars und das Räucherwerk in den südlichen Bereich. Zünde zunächst die Kerze an und konzentriere deine Energien auf die Flamme. Denke dabei nur an die Person und daran, was sie dir bedeutet und was du ihr gerne bedeuten würdest. Sprich es laut aus, wenn du möchtest. Nimm dir dafür ein paar Minuten Zeit. Zünde dann das Räucherwerk im Kessel oder in der Schale an. Stell dir vor, wie die Person an dich denkt, immer und immer wieder, bis die Kerze abgebrannt ist. Führe dieses Ritual in aufeinanderfolgenden Nächten bis zum Vollmond durch, und dein besonderer Mensch sollte anfangen, an dich zu denken, sogar in seinen Träumen.

FALLBEISPIEL: BEMERKE MICH!

Ich habe von einer befreundeten Hexe von diesem Zauber gehört. Sie war an jemandem interessiert, und obwohl sie über einen langen Zeitraum versucht hatte, ihn dazu zu bringen, sie zu bemerken, hatten sich all ihre Bemühungen als erfolglos erwiesen. Sie vergewisserte sich zunächst, dass er solo war, und beschloss dann, eine befreundete Hexe um Rat zu fragen, die das folgende Ritual vorschlug. Sie bereiteten ein Abendessen vor und stellten Kerzen auf, um ihre Energien zu bündeln. Diejenige auf Partnersuche sprach ihre Absichten laut aus. Daraufhin steckte sie sich ein Reisbällchen in den Mund, das sie im Ganzen*, ohne abzubeißen, verschlucken musste – als eine Art rituellen Beweis, dass sie es mit ihren Absichten ernst meinte. Sie beendete das Ritual mit den folgenden Worten:

*[Name] bemerke mich,
suche meine Liebe.
So soll es sein!*

Sie ließen die Kerzen herunterbrennen und von selbst ausgehen. Schon am nächsten Tag kam der Mann in dem Café, in dem diejenige auf Partnersuche arbeitete, auf sie zu und fragte sie nach einem Date. Sie fiel fast in Ohnmacht, aber sie waren wohl füreinander bestimmt, denn sie sind seit zehn Jahren verheiratet.

* Vorsicht: Wenn du diesen Zauber nachahmen möchtest, nimm keine zu große Portion Reis, damit keine Erstickungsgefahr besteht.

SO SOLL ES SEIN!

Dieser Satz am Ende eines Zaubers ist in neopaganen Ritualen und moderner Hexerei üblich und bekräftigt den Zauber, ähnlich wie das „Amen" am Ende eines Gebets.

RIVALEN ABLENKEN

Es kann sehr beunruhigend sein, wenn jemand ein Auge auf die Person geworfen hat, die du liebst. Dieser Spruch wird den Rivalen oder die Rivalin freundlich, aber bestimmt davon abbringen.

Mondphase: abnehmend

Wochentag: beliebig

Das brauchst du:

Plastikdose mit Deckel

kleine Karte mit Umschlag
(Geschenkanhängergröße)

Siegelwachs

Wasser

Schreibe den Namen der Person, die deinen Partner oder deine Partnerin verfolgt, auf die Karte und stecke sie in den Umschlag. Verschließe den Umschlag mit dem Wachs, lege ihn in den Plastikbehälter, fülle diesen mit Wasser und verschließe ihn. Sprich die folgenden Worte laut aus: *Nimm deine Liebe von meiner Liebe. So soll es sein!* Stelle den Plastikbehälter in den Gefrierschrank. Das sollte genügen.

DIESER ZAUBER MACHT DICH FÜR EIN DATE UNWIDERSTEHLICH

Mondphase: voll

Wochentag: Dienstag, Donnerstag oder Freitag

Das brauchst du:

kleinen Beutel für die Handtasche

kleinen Magneten, der in den Beutel passt

rote oder rosa Kerze

dein Lieblingsparfüm

Stelle die Kerze, den Magneten, den Beutel und den Parfümflakon auf deinen Altar, bevor du zu dem Date gehst. Zünde die Kerze an und sprühe ein bisschen Parfüm auf den Altar. Sprich die folgenden Worte: *Heute Abend werde ich strahlen. Ich bin unwiderstehlich. Diese Nacht gehört mir. So soll es sein!* Wiederhole die Worte, während du dein Parfüm aufträgst (nicht zu viel!), und lege dann den Magneten in den Beutel. Lass die Kerze brennen, während du dich fertig machst. Vergiss nicht, sie zu löschen, wenn du das Haus verlässt, und stecke den Beutel mit dem Magneten in deine Handtasche.

LIEBESRITUAL

Für ein einfaches Ritual, mit dem du dein Liebesleben in Schwung bringen kannst, lege zwei Stücke Rosenquarz, ein Foto von dir und deinem Partner oder deiner Partnerin und zwei rosa Kerzen auf deinen Altar. Zünde die Kerzen an und denke an ihn oder sie und was du an ihm oder ihr liebst. Lass die Kerzen herunterbrennen und lege die Rosenquarzsteine unter dein Bett. Diesen Zauber kannst du an jedem beliebigen Tag ausführen, bei Neu-, Voll- oder zunehmendem Mond.

EIN WORT DER WARNUNG

Es gibt nichts Verlockenderes, als eine neue Liebe mit einem Zauber anzuziehen. Sei aber vorsichtig und ehrlich zu dir selbst, was deine Absichten sind. Versuche nicht, jemanden von seinem Partner wegzuzaubern und auch nicht, deine:n Ex zurückzugewinnen, ohne dich daran zu erinnern, warum ihr euch überhaupt getrennt habt, sonst könntest du das Ergebnis bereuen! Sei nicht ungeduldig, wenn du dich zu jemandem hingezogen fühlst – lass den Dingen ihren natürlichen Lauf und lerne die Person erst ein wenig kennen, bevor du einen Zauber wirkst, der dich attraktiver für ihn oder sie macht. Schließlich willst du nicht, dass sich jemand nach dir verzehrt, nachdem du beschlossen hast, dass er oder sie doch nicht der bzw. die Richtige ist.

GLÜCKS- UND
GELDZAUBER

WUNSCHBLASEN

Mondphase: neu

Wochentag: jeder

Das brauchst du:

Kessel oder hitzebeständige Schale

Seifenblasenmischung und Zauberstab

Räucherwerk

Beginne damit, das Räucherwerk zu verbrennen. Lass den Duft die Luft durchdringen und führe das Seifenblasenfläschchen ein paarmal hindurch. Konzentriere dich dabei auf deinen Wunsch und das ideale Ergebnis. Stell es dir so genau vor, wie du kannst. Geh dann nach draußen an einen ruhigen Ort und puste Seifenblasen. Stell dir mit jedem Atemzug vor, dass du die Seifenblasen mit deinem Wunsch füllst. Beobachte, wie die Seifenblasen – voll mit deinen Absichten – in den Himmel schweben. Wenn sie platzen, wird der Wunsch freigesetzt.

GELDVERMEHRUNGSZAUBER

Mondphase: neu, zunehmend oder voll

Wochentag: Donnerstag, Samstag oder Sonntag

Das brauchst du:

Münze von beliebigem Wert

gesunde Basilikumpflanze

kleine Menge getrocknete Patschuli-Blätter

Streue das Patschuli auf die Erde rund um die Basilikumpflanze. Stecke deine Münze senkrecht in die Erde, sodass sie einem Halbmond ähnelt. Wenn du Geld erhältst, gib die Münze aus und ersetze sie durch eine andere. So wird das Glück anhalten. Pflege die Pflanze gut, damit sie gedeiht.

GELDZAUBER FÜR SCHWIERIGE ZEITEN

Mondphase: neu

Wochentag: Mittwoch, Donnerstag oder Samstag

Das brauchst du:

grüne Kerze

Bleistift

Stück Papier

kleine grüne Schale

Schreibe den Geldbetrag auf, den du benötigst, und gib einen triftigen Grund an, warum du ihn brauchst. Sei nicht gierig. Falte das Stück Papier in der Hälfte und lege es unter die Schale. Stelle die Kerze auf die Schale und zünde sie an. Konzentriere dich auf die brennende Kerze und stell dir vor, das Geld zu erhalten. Ist die Kerze heruntergebrannt und abgekühlt, wickle den Wachsrest in das Stück Papier und trage es im Portemonnaie.

EINFACHES GLÜCKSRITUAL

Mondphase: neu, zunehmend oder voll

Wochentag: beliebig

Versammle eine kleine Gruppe von gleichgesinnten Freunden oder Verwandten. Stellt euch in einem kleinen Kreis auf. In die Mitte des Kreises stellt ihr eine Schale mit reifen Äpfeln. Jede Person muss sich einen Apfel nehmen. Wenn alle einen Apfel in der Hand halten, müssen alle der Reihe nach einen Wunsch äußern (still oder laut, wobei das laute Aussprechen eines Wunsches oft genauso hilft wie beim Sprechen von Affirmationen). Wenn alle dran waren, müsst ihr die Äpfel gemeinsam essen, um den Zauber zu vollenden.

ZAUBER ZU JOB UND ARBEITSERFOLG

ZAUBER FÜR DIE JOBSUCHE

Führe diesen Zauber am besten gleich zu Beginn deiner Jobsuche aus.

Mondphase: Beginne bei Neumond und ende bei Vollmond.

Wochentag: Beginne an einem Mittwoch, Donnerstag oder Sonntag.

Das brauchst du:

braune Kerze

Kerze in einer Farbe deiner Wahl

grüne Kerze

Bergamottöl

Stelle die drei Kerzen auf deinen Altar und tupfe etwas Bergamottöl auf jeden Docht. Dieses Öl steht für Glück bei Arbeitsvorhaben. Zuerst zündest du die Kerze an, die du ausgewählt hast, weil ihre Farbe eine bestimmte Bedeutung für dich hat. Stell dir dabei die Art von Arbeit bildlich vor, die du gerne ausüben möchtest. Versuche, dir konkrete Aufgaben vorzustellen, die du übernehmen würdest, und denke daran, wie erfüllt du dich fühlen würdest. Sprich die folgenden Worte: *Ich wünsche mir eine Arbeit. Es ist mein Recht. Mach den Weg frei und bring mein Ziel in Sichtweite.* Zünde als Nächstes die grüne Kerze an, die für Geld steht, und sprich folgende Worte: *Bring Glück und Fülle, lass Wohlstand zu mir fließen.* Stell dir vor, wie du für deine Arbeit bezahlt wirst. Zum Schluss zünde die braune Kerze an, die für deinen zukünftigen Job steht, und sprich die Worte: *Bring diese Arbeit zu mir. So soll es sein!* Wiederhole diesen Spruch einmal täglich bis zum Vollmond oder bis du deinen neuen Job hast.

KONZENTRATIONSZAUBER

Neigst du dazu, in Meetings zu träumen oder Instagram zu durchstöbern, wenn du eigentlich einen Bericht fertigstellen solltest? Dieser Zauber wird dir helfen, dich zu konzentrieren und deine Karriereziele zu erreichen. Schon die alten Griechen trugen Rosmarin, um Weisheit zu erlangen.

Mondphase: neu

Wochentag: beliebig

Das brauchst du:

ein paar Zweige frisch gepflückten Rosmarin,
geerntet bei Neumond und wenn
die Pflanze nicht blüht

kochendes Wasser

Rosmarinöl

1 Teelöffel Zucker oder Honig

unparfümierte Handcreme

Gieße etwas aufgekochtes Wasser in einen Becher, gib die Rosmarinzweige hinein und lass den Aufguss ein paar Minuten lang ziehen. Füge einen Teelöffel Zucker oder Honig hinzu, um ihn zu süßen, entferne die Rosmarinzweige und trinke den Aufguss, bevor du zur Arbeit gehst.

Bereite zudem eine nach Rosmarin duftende Handcreme vor, indem du ein paar Tropfen des Öls in deine Creme gibst und verrührst. Kurz vor einem Meeting oder einer Arbeitssituation, in der du am wachsten und gewitztesten sein musst, reibe etwas von dieser Creme auf Hände und Schläfen, um deinen Geist anzuregen.

BONUSZAUBER

Dieser Zauber ist ideal, wenn du auf eine Gehaltserhöhung, einen Bonus oder irgendeine Form von Vermögenszuwachs hoffst, unabhängig davon, ob es dir „zusteht" oder nicht. Wenn du einfach nur gerne etwas mehr Geld hättest, überlege dir eine Summe und den Verwendungszweck. Sei vor allem nicht gierig und teile dein Glück immer, und wenn es nur eine Kleiderspende für einen guten Zweck ist.

Mondphase: zunehmend bis voll

Wochentag: Mittwoch oder Sonntag

Das brauchst du:

Kessel oder hitzebeständige Schale

ein Stück Goldband

weiße Kerze

gelbe Kerze

Athame – oder ersatzweise Nadel oder spitze Kugelschreibermine

Pfingstrosen-Räucherwerk

Verbrenne zunächst etwas Räucherwerk in deinem Kessel. Zünde dann eine weiße Kerze auf deinem Altar an, nimm die gelbe Kerze und erwärme eine Seite davon vorsichtig und kurz über der Flamme, um das Wachs weich zu machen, damit du etwas einritzen kannst. Beachte, dass dies nicht lange dauert. Sobald das Wachs weich genug ist, nimm dein Athame oder das Ersatzwerkzeug und ritze deinen Namen in zusammenhängender Schrift auf die Kerzenseite. Stelle die eingeritzte Kerze auf deinen Altar und zünde sie an. Betrachte die Flamme und stell dir vor, wie du dich fühlen wirst, wenn das Geld eintrifft. Dann nenne ein Datum, bis zu dem du das Geld erhalten möchtest, und danke der Kerze. Zünde die Kerze an aufeinanderfolgenden Tagen bis zum Vollmond an und konzentriere dich die ganze Zeit auf dein Ziel. Wenn die Kerze bis auf einen winzigen Stummel heruntergebrannt ist, lösche die Flamme und warte, bis die Kerze abgekühlt ist. Binde das goldene Band um den Kerzenstummel und trage ihn mit dir herum, bis der Zauber erfüllt ist.

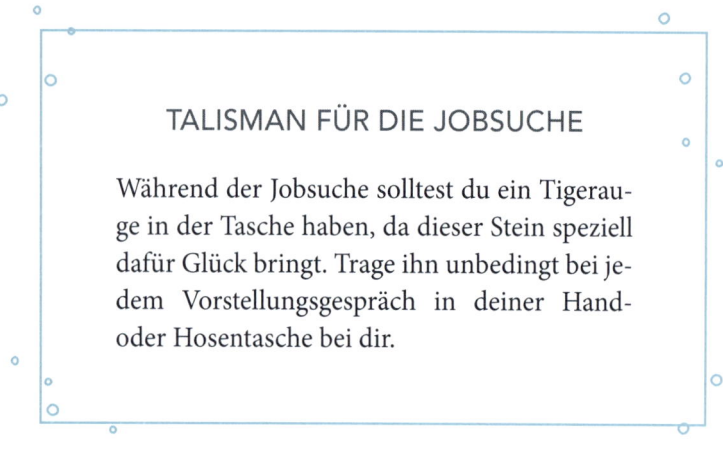

TALISMAN FÜR DIE JOBSUCHE

Während der Jobsuche solltest du ein Tigerauge in der Tasche haben, da dieser Stein speziell dafür Glück bringt. Trage ihn unbedingt bei jedem Vorstellungsgespräch in deiner Hand- oder Hosentasche bei dir.

 # EIN WORT DER WARNUNG

Ein Jobzauber wird die Jobsuche nicht für dich erledigen. Es ist an dir, Initiative zu zeigen, dich auf Stellen zu bewerben und ein Netzwerk aufzubauen. Die Zauber bringen Energie für deine Wünsche, aber du selbst musst die Chancen ergreifen, die sich dir bieten. Wenn du bei einer Bewerbung nicht erfolgreich bist, betrachte dies als Zeichen, dass das Universum andere, bessere Pläne für dich hat.

SCHUTZ- UND GESUNDHEITSZAUBER

FEUERZAUBER ZUM VERTREIBEN SCHLECHTER ANGEWOHNHEITEN ODER OBSESSIONEN

Wenn du dir eine schlechte Angewohnheit (wie Rauchen, Tratschen usw.) abgewöhnen willst, wird dieser Kesselzauber helfen.

Mondphase: abnehmend

Wochentag: Montag, Samstag oder Sonntag

Das brauchst du:

schwarze Kerze

Kessel oder hitzebeständige Schale

rote Kerze

je eine Prise Chili, Ingwer und Salbei

kleines Stück Holzkohle

etwas, das deine schlechte Angewohnheit symbolisiert (zum Beispiel ein Weinetikett, eine leere Zigarettenschachtel usw.)

Stelle die rote Kerze links neben den Kessel bzw. die hitzebeständige Schale, zünde sie an und sprich dabei: *Rot ist mit Stärke im Bunde, hilf mir, die schlechte Gewohnheit von mir zu stoßen, jeden Tag und jede Stunde.* Stelle dann die schwarze Kerze rechts neben deinen Kessel, zünde sie an und sprich: *Schwarz vermag Dinge hinfortzusenden. So liegt die Kraft in meinen Händen, dieses heute noch zu beenden.* Lege die Kräuter mit der Holzkohle und dem zerrissenen Gegenstand, der deine schlechte Angewohnheit symbolisiert, in den Kessel. Zünde den Inhalt an und sprich: *Brenne hinweg, deine Macht über mich endet. Freiheit ist gespendet. So soll es sein!* Sieh dem Kesselinhalt beim Verbrennen zu und stell dir vor, wie du deine Gewohnheit abstößt. Lass die Kerzen herunterbrennen und von selbst verlöschen.

Warnung: Achtung, der Kessel oder die Schale kann sehr heiß werden! Stelle sicher, dass sie auf einer hitzebeständigen Oberfläche stehen, und lass den angezündeten Kessel niemals unbeaufsichtigt!

SCHUTZZAUBER

Wenn du Angst vor dem bevorstehenden Tag hast – vielleicht triffst du dich mit einer Person, mit der du dich nicht gut verstehst, oder du musst einen unbekannten Ort aufsuchen –, wird dieses Ritual dich beruhigen.

Mondphase: beliebig

Wochentag: beliebig

Das brauchst du:

Zauberstab

Nimm deinen Zauberstab in deine Schreibhand und beschreibe eine Armlänge entfernt im Uhrzeigersinn einen Kreis. Mach dies neun Mal, denn die Neun steht für geistige Kraft und Einflussnahme. Dieser Zauber wird um dich herum einen Schutzkreis für den Tag erzeugen. Das Ritual kann an jedem beliebigen Tag durchgeführt werden.

HEILUNGSRITUAL

Mondphase: abnehmend

Wochentag: Sonntag

Dies ist ein schöner Zauber, um ein gebrochenes Herz oder einen unruhigen Geist zu heilen. Mach allein einen Ausflug zu einem Kieselstrand oder -ufer an einem beliebigen Gewässer – das kann zu jeder Uhrzeit sein, ist aber tagsüber am sichersten. Ziehe Socken und Schuhe aus und plansche mit den Füßen im Wasser. Spüre die Energie des Wassers, wie es gegen deine Knöchel schwappt. Suche dir währenddessen einen Kieselstein im Wasser, der bequem in deine Handfläche passt. Hebe den Stein auf und fokussiere all deine Negativität und deinen Schmerz auf ihn. Sobald du alle negativen Gedanken abgelegt hast, wirf den Stein zurück ins Gewässer, damit die natürliche Kraft des Wassers deinen Kummer löst und heilt.

ZAUBER FÜR JEMANDEN IN NOT

Dieser Zauber ist für den Fall, dass es einer Person, die dir wichtig ist, nicht gut geht oder sie gerade eine schwere Zeit durchmacht.

Mondphase: neu oder zunehmend

Wochentag: Montag oder Sonntag

Das brauchst du:

grüne Kerze

grünes Band (lang genug, um eine Schleife zu binden)

Foto der bedürftigen Person (wenn du eines hast)

eingetopfte Basilikumpflanze

Rosenquarz

Wickle das Band um den Kristall und halte ihn fest in deiner Schreibhand. Stelle das Foto neben die Kerze und den Basilikumtopf auf deinen Altar und zünde sie an. Stell dir, bis die Kerze heruntergebrannt ist, vor, dass schützendes gelbes Licht die bedürftige Person umgibt. Gib dann den in das Band eingewickelten Rosenquarz und die Basilikumpflanze an die Person weiter, um die du dir Sorgen machst. Sende weiterhin Liebe und Licht zu ihr – so wird sie sich unterstützt und hoffnungsvoller fühlen.

REINIGUNGSZAUBER

Mondphase: neu

Wochentag: beliebig

Tageszeit: abends vor dem Schlafengehen

Das brauchst du:

kleinen roten Beutel mit Kordel

Eichel

halbe Zitrone

Eichenblätter

Wenn du das Gefühl hast, zu lange vom Pech verfolgt zu sein, wird dieser Zauber jeden bösen Willen beseitigen und Glück an seine Stelle setzen. Sammle einen Beutel voller Eichenblätter – vorzugsweise solche, die abgeworfen wurden – und eine einzelne Eichel. Nimm sie mit nach Hause und reinige sie in Wasser, um jeglichen Schmutz zu entfernen. Fülle eine Badewanne mit warmem Wasser und streue die Blätter hinein. Dann presst du die Zitronenhälfte über dem Wasser aus. Halte die Eichel in der Hand und stell dir vor, dass Positivität und Glück in dein Leben treten. Steige in die Wanne und genieße die Eichenblätter auf deiner Haut und den Geruch der Zitrone, wodurch du dich gereinigt und geschützt fühlst. Nach dem Bad legst du die Eichel für erholsamen Schlaf und gute Träume unter dein Kopfkissen. Stehe früh auf, am besten vor Sonnenaufgang. Nimm die Eichel mit nach draußen und setze sie dem Licht aus, während du positiven Gedanken nachhängst. Lege die Eichel dann in den roten Beutel und trage ihn in deiner Hosen- oder Handtasche mit dir. Die Eichel ist nun mit Glück und Positivität durchtränkt.

FALLBEISPIEL: VEREINIGUNGSZAUBER

Wenn du Probleme mit einer bestimmten Person hast – sei es ein Familienmitglied, ein Freund oder eine Bekannte –, kann dieser Zauber helfen, die Wogen zu glätten. Es ist wichtig, dass du dir in Ruhe Gedanken über die Gegenstände machst, die du für deinen Zauber verwendest. Manche Menschen nehmen Edelsteine und wählen ein oder zwei aus, die mit ihnen in Resonanz stehen, während andere Dinge aus der Natur wie Blätter oder Steine nutzen.

Mein Fallbeispiel für diesen Zauber ist ein Versuch, zwei ehemalige, übel zerstrittene Freunde wieder zu vereinen. Der Freund, der den Angriffen des anderen ständig ausgesetzt war, suchte aus einer Auswahl zwei Edelsteine aus: einen Amethyst, der für Ruhe und Ausgeglichenheit verwendet wird, und Rosenquarz, der bei der Stärkung von Beziehungen hilft. Er schlug ein rohes Ei auf, entfernte Eigelb und Eiweiß. Das Ei steht in diesem Fall für Freundschaft und Wiedergeburt. Die Edelsteine legte er in die Eierschale, setzte das Ei wieder zusammen und vergrub es dann draußen in der Erde. Der Zauber hatte das gewünschte Ergebnis: Der aggressive Freund beruhigte sich und wurde viel zugänglicher.

WAHRSAGEZAUBER

WASSERZAUBER
FÜR HELLSICHTIGKEIT

Mondphase: neu

Wochentag: beliebig

Das brauchst du:

Kerze

Kessel oder hitzebeständige Schale

etwas Silbernes – zum Beispiel einen Ring

Beifuß – vorzugsweise getrocknet (Beifuß findet
man häufig in Hecken oder man kann ihn in
Naturkostläden kaufen)

Wasser

Fülle deinen Kessel mit Wasser. Zünde die Kerze an und entferne andere Lichtquellen. Streue das Beifußkraut über das Wasser und warte, bis es sich absetzt. Konzentriere dich auf die Oberfläche des Wassers, denke an eine brennende Frage, die dich bewegt, und warte dann darauf, dass Bilder erscheinen, die dich zu einer Antwort führen. Das Beifußkraut wird Formen erzeugen, aber Hexen erkennen auch Bilder. Hab Geduld, dieser Zauber erfordert einige Übung.

Es gibt viele Techniken zum Wahrsagen, aber die meisten weißen Hexen bevorzugen das Hellsehen, bei dem man auf eine reflektierende Oberfläche starrt: auf eine Kristallkugel, einen leeren Fernsehbildschirm oder unbewegtes Wasser. Sei vorbereitet: Wenn du in die Zukunft blickst, könntest du auch Dinge sehen, die dir nicht gefallen.

VORHERSAGE-KERZENZAUBER

Dieser einfache Zauber ist perfekt, wenn du eine Frage beantwortet haben willst. Er erfordert eine Bienenwachskerze und einen dunklen Raum, am besten führst du ihn also nachts an deinem Altar aus. Zünde die Kerze an und lass sie ein paar Minuten lang brennen. Stelle dann eine Frage, die mit „Ja" oder „Nein" zu beantworten ist, und behalte die Flamme im Auge. Wenn die Flamme anfängt, zu hüpfen und zu springen, dann ist die Antwort „Ja". Wenn die Flamme sinkt oder erlischt, lautet die Antwort „Nein". Fliegen Funken, wird das Ergebnis von einer Kraft bestimmt, die außerhalb deiner Macht liegt. Benutze diese Kerze ausschließlich für Vorhersagezauber.

ZAUBER FÜR NEUANFÄNGE UND AUFBRÜCHE

ZAUBER FÜR NEUE VORSÄTZE

Mondphase: abnehmend

Wochentag: Samstag – zu jeder Tageszeit

Das brauchst du:

großen Korb oder Schale

Herbstblätter

Dieser Zauber wird am besten im Herbst durchgeführt, da du eine große Menge getrocknete Blätter benötigst. Er lässt sich gut mit einer kleinen Gruppe von Freunden oder Familienmitgliedern durchführen und könnte zu einem jährlichen Ritual werden, um den Herbst und das kommende Jahr zu feiern. Sammle einen Korb oder eine große Schale gefallener Blätter – sie können von jedem beliebigen Baum sein – und stelle sie in die Mitte deines Tisches. Versammle alle um den Tisch und bitte dann jede Person der Reihe nach, ein Blatt aufzuheben und laut zu sagen, was sie im nächsten Jahr ablegen möchte, bevor sie das Blatt auf den Boden wirft. Es könnte eine negative Beziehung, eine schlechte Angewohnheit, eine gesundheitliche Beeinträchtigung usw. sein. Es geht so lange reihum, bis alle Blätter weg sind. Dann fege die Blätter auf und kompostiere sie! Stell dir vor, wie die Dinge, die losgelassen wurden, in der Erde zerfallen, während sich die Blätter zersetzen und neue, positive Dinge an ihrer Stelle wachsen und gedeihen.

KONTAKTWIEDER-HERSTELLUNGSZAUBER

Mit Facebook, Instagram und LinkedIn ist es viel einfacher, mit Freunden in Kontakt zu bleiben. Aber wenn du die digitalen Brotkrumen, die zu einer bestimmten Person führen, nicht finden kannst, dann ist dies dein Zauber.

Mondphase: neu

Wochentag: Montag, Mittwoch oder Donnerstag

Das brauchst du:

Kessel oder hitzebeständige Schale

Foto der Person und einen persönlichen Gegenstand, der euch beide verbindet

flache Schale mit Wasser

weiße Kerze

Sandelholz-Räucherwerk

Meersalz

Beginne mit dem Anzünden des Räucherwerks auf deinem Altar. Der Rauch soll sich ausbreiten und sein Duft die Luft durchdringen. Lege das Foto der Person zusammen mit einem persönlichen Gegenstand auf deinen Altar – das kann etwas sein, das er oder sie dir geschenkt hat oder das Erinnerungen an glückliche Zeiten hervorruft, die ihr gemeinsam verbracht habt. Zünde die Kerze an und denke an deinen Freund oder deine Freundin. Nimm eine Handvoll Meersalz und streue es in die Schale. Sprich dabei die folgenden Worte: *Kontaktiere mich. So soll es sein!* Wiederhole die Worte einige Male und konzentriere dich dann wieder auf die gemeinsamen Erinnerungen, während die Kerze herunterbrennt. Die Person sollte sich melden, bevor das Salzwasser verdunstet ist.

BEKRÄFTIGUNGSRITUAL

Mondphase: zunehmend und voll

Wochentag: beliebig

Das brauchst du:

Feuerwerkskörper

Dieses Ritual dient dazu, einen Traum oder Wunsch zu befeuern. Es ist ein lautes Ritual und muss im Freien durchgeführt werden, da es das Abbrennen von Feuerwerkskörpern beinhaltet. Berücksichtige die Art deines Traums, wenn du die Farbe des Feuerwerks wählst: Geht es um Reichtum, dann wähle möglichst Gold und Grün, für die Liebe wähle Rot und Rosa, für Heilung und Reinigung empfiehlt sich Weiß. Das Feuerwerk muss in den Tagen vor dem Vollmond auf deinem Altar oder einem Pentagramm liegen. In der Vollmondnacht legst du die Feuerwerkskörper draußen aus, während du dich auf dein Ziel konzentrierst und das Ergebnis visualisierst. Dann zündest du die Feuerwerkskörper an – achte dabei auf die Sicherheitshinweise –, und wenn die Sterne den Himmel erhellen und farbig hinabregnen, wird der Wunsch frei.

ZAUBEREI IM
21. JAHRHUNDERT

Es macht Spaß, die gleichen Geräte zum Hexen zu verwenden, die seit Jahrhunderten benutzt werden, aber einige Zauber können mit den modernsten Geräten durchgeführt werden. Denke an die Menge an Energie, die benötigt wird, um einen Computer neu zu starten oder eine SMS zu verschicken – dieser Energieschub kann von der Hexe des 21. Jahrhunderts für eine erfolgreiche Zauberei genutzt werden.

NACHRICHTENZAUBER

Nachrichtenzauber erfordern Mitwirkende, da du deine Zaubernachricht an jemanden sendest und der- oder diejenige sie wieder zurückschicken muss. Wie bei allen anderen Arten von Zaubern muss die Absicht klar sein. Für einen zusätzlichen Schub nimm die Hilfe der Mondphasen in Anspruch. Denke an etwas Bestimmtes, das du dir wünschst, zum Beispiel: „Ich möchte ein Vorstellungsgespräch für die Stelle [Jobname einfügen] bekommen." Schicke dies als Nachricht an die eingeweihte Person und bitte darum, dir einen Text mit der gleichen Nachricht zurückzuschicken, aber so umformuliert, dass dein Name anstelle von „Ich" dort steht und die Nachricht mit *So soll es sein!* endet. Wenn der Zauber nicht innerhalb einer Woche gewirkt hat, versuche es noch einmal, denn manchmal lassen sich Zaubersprüche nicht in einen bestimmten Zeitrahmen zwingen und werden erst dann wirken, wenn sie bereit sind. Lösche die Nachrichten nicht, bevor der Zauber erfolgreich war.

E-MAIL-ZAUBER

E-Mail-Zauber sind den Nachrichtenzaubern sehr ähnlich. Werde dir über deine Absicht klar und formuliere sie so deutlich und prägnant wie möglich. Am besten beschränkst du den Zauber auf einen Satz und schreibst dann *So soll es sein!* darunter. Die Art des Zaubers gehört in die Betreffzeile. Bevor du die E-Mail an deinen Freund oder deine Freundin schickst, solltest du ihn bzw. sie darauf vorbereiten. Bitte ihn oder sie, den Zauberspruch zu öffnen und ihn dann an dich zurückzuschicken. Macht dies eine Woche lang einmal am Tag – sodass ihr die E-Mail jeden Tag abwechselnd versendet. Der Zauber sollte innerhalb eines Monats wirken.

KONTAKTAUFNAHMEZAUBER

Du wartest darauf, dass sich jemand endlich meldet. Immer wieder checkst du deine Nachrichten oder E-Mails, nur um *„nichts"* festzustellen. Dieser Zauber hilft, die Antwort zu beschleunigen, egal ob du das Ergebnis eines Vorstellungsgesprächs oder die Antwort eines Flirts erhoffst.

Mondphase: neu, zunehmend oder voll

Wochentag: beliebig

Das brauchst du:

Stift

ein wenig dieser getrockneten Kräuter: Dill, Kümmel und Oregano

Haftnotizzettel

dein Handy oder Tablet bzw. dein Gerät zum Senden und Empfangen von Nachrichten

Schreibe den Namen der Person, die dich kontaktieren soll (oder den Firmennamen, wenn du keinen bestimmten Kontakt hast) auf den Klebezettel. Klebe die Haftnotiz auf dein Telefon oder Tablet und lege es auf deinen Altar. Dann streust du die Kräuter im Uhrzeigersinn um dein Gerät. Stell dir vor, dass die Person entweder zum Telefon greift, um dich anzurufen, oder dir eine E-Mail schickt. Male dir die Worte, die sie sagen oder schreiben soll, ganz genau aus – sei so konkret wie möglich. Sprich dann die folgenden Sätze: *Kräuter und magischer Merkur bringt mir rasch den Anruf/ die Nachricht/die E-Mail, die ich erhalten möchte. So soll es sein!*

Lass dein Gerät für ein paar Stunden liegen oder über Nacht, wenn du den Zauber am Abend durchführst. Versuche, nicht mehr daran zu denken, und gehe deinen üblichen Beschäftigungen nach. Schon bald wirst du die gewünschte Nachricht bekommen.

WUNSCHZAUBER BEIM COMPUTERHOCHFAHREN ODER TEEKOCHEN

Bedenke, wie viel Energie jedes Mal benötigt wird, um einen Computer hochzufahren oder um Wasser heiß zu machen. Diese Energie kann für schnelle Wunschzauber verwendet werden. Schreibe einen Wunsch auf einen Klebezettel. Sei nicht gierig und bitte nicht um eine Million Euro, denn die wirst du nicht bekommen. Bitte um einen bestimmten Betrag für etwas, das du brauchst. Wenn du etwas für jemand anderen wünschst, füge den Namen hinzu. Schreibe *So soll es sein!* darunter. Schalte dann den Computer oder den Wasserkocher ein und konzentriere dich, während er hochfährt bzw. das Wasser erhitzt, auf den Zauber und visualisiere das Ergebnis so deutlich wie möglich.

WARUM HAT MEIN ZAUBER NICHT GEWIRKT?

Man bekommt leicht Zweifel an der Macht der Hexerei, wenn ein Zauber nicht nach Plan verläuft. Allerdings gibt es gute Gründe, warum einige Zauber einfach nicht funktionieren oder ein überraschend anderes Ergebnis als das erhoffte bewirken. Hier einige Erklärungen:

★ Vielleicht warst du nicht in der richtigen Geisteshaltung, um dich voll auf den Zauber zu fokussieren. Dein Geist ist der mächtigste Aspekt beim Zaubern: Wenn du mit deinen Gedanken woanders bist, fließt keine Magie.

★ Wenn du dich unwohl fühlst oder aufgeregt bist, kannst du dem Zauber nicht die volle Aufmerksamkeit schenken – gönne dir erst einmal eine Pause und erhole dich.

★ Wenn du einen Zauber ausgeführt hast, um im Lotto zu gewinnen, wirst du wahrscheinlich enttäuscht werden. Der Grund dafür ist, dass du beim Beschwören von Geld nur das bekommst, was du brauchst, und nicht mehr. Wenn du als Ergebnis eines Zaubers Geld erhältst, solltest du unbedingt einen kleinen Betrag verschenken!

★ Ein Liebeszauber, der jemanden dazu zwingen soll, sich in dich zu verlieben, wird nicht funktionieren. Versuche nie, die Gedanken und Gefühle einer Person zu beeinflussen.

Egal,
wie wichtig
alles
andere für den
magischen
Erfolg ist, der
Glaube ist das
Entscheidende.

Dorothy Morrison

DEINE EIGENEN ZAUBER

In diesem Kapitel wird erklärt, wie du deine eigenen Zauber kreieren kannst. Die einfachsten Zauber, die für deine speziellen Zwecke angepasst werden können, sind Kerzenzauber und Zauber mit Wunschbeuteln. Sobald du bestehende Zaubersprüche ausprobiert hast, kann es Spaß machen, eigene zu erfinden. Das ist gar nicht schwer, und je mehr du deine eigenen Instinkte und Gedanken auf einen Zauber lenkst, desto größer ist die Wahrscheinlichkeit des Erfolgs. Hier folgt eine einfache Anleitung, wie du gleich anfangen kannst.

Zuerst musst du über die Prämisse des Zaubers und das angestrebte Ziel nachdenken. Willst du jemanden dazu bringen, dich zu bemerken, bei einer Bewerbung erfolgreich sein oder dafür sorgen, dass etwas Glück in dein Leben tritt?

Denke über die Komponenten nach, die für die Durchführung des Zaubers benötigt werden. Symbolik ist beim Zaubern sehr wichtig. Eine Kerze ist eine gute Möglichkeit, deine Gedanken zu fokussieren, ebenso wie Gegenstände, die für deinen Zauber relevant sind, zum Beispiel eine handgeschriebene Notiz oder ein Schmuckstück.

Berücksichtige das Timing, bevor du deinen Zauber ausführst – beachte die Mondphasen und den Wochentag. Lies dazu das Kapitel zum richtigen Zeitpunkt für Magie (Seite 71).

Entscheide, ob du die Kraft der Gedanken nutzen willst oder lieber ein paar Worte sagst, um den Zauber zu bekräftigen. Das kann ein einfacher Satz sein, um das Ziel des Zaubers zu verdeutlichen, den du mehrfach wiederholst. Wenn du geschickt darin bist, versuche Reime zu finden. Denke sorgfältig über die Worte nach, bevor du sie sprichst. Am besten schreibst du sie auf.

Sobald du alle oben genannten Elemente berücksichtigt hast, bist du bereit, deinen Zauber durchzuführen. Stelle sicher, dass du den Zauber in deinem Buch der Schatten aufzeichnest und datierst. Vergiss auch nicht, das Ergebnis zu notieren.

KERZENZAUBER

Vor der Durchführung eines Kerzenzaubers sind drei Prozesse zu durchlaufen: aufladen, einritzen und Beiwerk hinzufügen.

AUFLADEN

Dabei überträgst du deine Hoffnungen, Wünsche und Sehnsüchte auf die Kerze, indem du sie in deinen Händen hältst, die Augen schließt und dich ganz auf deine Ziele konzentrierst. Lass dir dabei Zeit. Gerade Hexen, die geübt in Meditation sind, fällt dies leicht.

EINRITZEN

Ritze Worte, Symbole oder Bilder in das Wachs, um die Kerze zu personalisieren. Wenn du eine Kerze für jemanden vorbereiten willst, der Glück braucht, würdest du Glückssymbole, wie ein Hufeisen, den Namen der Person und vielleicht eine konkrete Glücksbotschaft hinzufügen. Je komplexer und persönlicher die Kerze ist, desto größer ist die Wahrscheinlichkeit, dass der Zauber funktioniert.

BEIWERK HINZUFÜGEN

Beiwerk können zum Beispiel einige Tropfen ätherisches Öl, getrocknete Blumen, verschiedene Kräuter (siehe S. 42) oder Glitzer sein.

Wenn du die vorbereitete Kerze anzündest, ist es wichtig, dass du auf die Kerze fokussiert bleibst und weiterhin deine Wünsche überträgst, daher ist es am besten, allein im Raum zu sein. Die Kerze kann in einer Sitzung oder über mehrere Nächte hinweg abgebrannt werden, aber jedes Mal, wenn die Kerze angezündet wird, musst du deine Wünsche und Ziele bekräftigen.

WUNSCHBEUTEL

Wie bei der Kerzenmagie ist dies eine kreative Form der Zauberei und eine der schönsten Arten, einen Zauber für eine andere Person auszuführen. Es braucht Zeit, aber die Ergebnisse – solange die Absichten gut sind – lohnen die Mühe. Wunschbeutel enthalten traditionell einen oder mehrere Gegenstände, die dann diskret in einer Tasche der Bekleidung oder in der Handtasche getragen werden können. Zu den verwendeten Zutaten gehören Edelsteine (siehe *Die Kraft der Edelsteine* ab Seite 53) und kleine Gegenstände, die für einen Zauber von Bedeutung sind, wie ein kleines geschnitztes Objekt, Erde, Samen oder Kerne – die Möglichkeiten sind unbegrenzt. Die Absicht des Wunschbeutels sollte deutlich auf ein weißes Blatt Papier geschrieben werden. Wie beim Kerzenzauber können die Gegenstände mit Ölen oder Glitzer versehen werden. Die Wunschbeutel werden oft aus rotem Filz hergestellt, es kann aber jeder beliebige Stoff verwendet werden, und es liegt an dir, wie aufwendig du sie gestaltest. Wie bei den Kerzen gehören verschiedene Farben zu verschiedenen Zaubern (siehe Seite 41).

Um deinen Wunschbeutel mit magischer Energie aufzuladen, stelle ihn neben eine Kerze, die eingeritzt und vorbereitet ist. Zünde die Kerze an und konzentriere deine Energie darauf, das Ergebnis des Zaubers zu visualisieren, oder stell dir vor, dass Hindernisse wegfallen, damit du dein Ziel erreichen kannst. Diese Zaubersprüche können über mehrere Tage hinweg durchgeführt werden, bis die Kerze abgebrannt ist. Dann kannst du den Wunschbeutel mit dir herumtragen, bis der Zauber gewirkt hat. Wenn der Wunschbeutel für einen Freund oder eine Freundin in Not ist, kannst du alternativ ihm oder ihr den Beutel und die vorbereitete Kerze geben und sie instruieren, in ruhigen Momenten die Kerze anzuzünden und sich auf ihren Wunsch zu konzentrieren, während sie den Beutel halten. Die Kerze kann über mehrere Tage hinweg angezündet werden, bis sie heruntergebrannt ist. Ermutige deinen Freund oder deine Freundin, den Wunschbeutel bei sich zu tragen oder auf den Schreib- bzw. Nachttisch zu legen.

GLÜCKSBRINGER FÜR DEINE WUNSCHBEUTEL

EICHEL:

Glück, Wohlstand und sexuelle Potenz

HOLZ, VOM BLITZ GETROFFEN:

Schutz vor allem Schaden

HORN:

Abwehr gegen den „bösen Blick" und Symbol für Natur, Fruchtbarkeit und Sexualität

HUFEISEN:

Glück

KIEFERNZAPFEN:

Glück, günstige Einflüsse, Schutz vor Schaden und Abwehr von schlechten Einflüssen

KLEE:
Leben, Glück und Überfluss

RELIGIÖSES SYMBOL:
Symbolen verschiedener Religionen wird eine schützende Wirkung zugeschrieben

SALZ:
Reinigung, wehrt das Böse ab

SCHLÜSSEL:
Macht und Glück, besonders wenn er gefunden wird und der Finder nicht weiß, welches Schloss er öffnet; Symbol für den Zugang zu verborgenen Dingen

SILBER:
Schutz und Reichtum

HEXENLEITER

Nicht alle Zaubersprüche erfordern ein ganzes Arsenal an Werkzeugen und mit Magie aufgeladenen Gegenständen. Ein einfaches Stück Schnur von 30 Zentimetern kann für einen mächtigen Wunschzauber verwendet werden: eine Hexenleiter. Neun Tage vor dem Vollmond beginnst du deine Hexenleiter, indem du einen Knoten in die Schnur bindest – achte darauf, den Knoten zu dir hin zu binden, während du dir die Erfüllung deines Wunsches vorstellst. Knüpfe jede Nacht einen neuen Knoten bis zur Vollmondnacht. Lass deine Hexenleiter draußen liegen, damit sie durch den Vollmond aufgeladen wird. Die Knoten werden die Kraft haben, deinen Wunsch in Erfüllung gehen zu lassen. Um dir zu helfen, das Ergebnis deines Zaubers zu visualisieren, sprich bei jedem Knoten, den du bindest, folgende Worte:

Mit Knoten eins hat der Zauber begonnen.
Mit Knoten zwei ist der Zauber wahr.
Mit Knoten drei, so soll es sein.
Mit Knoten vier wird die Kraft des Zaubers umschlossen.
Mit Knoten fünf wird die Kraft des Zaubers gedeihen.
Mit Knoten sechs ist der Zauber festgehalten.
Mit Knoten sieben steht die Zukunft geschrieben.
Mit Knoten acht wird mein Zauber mein Schicksal.
Mit Knoten neun, was getan ist, ist mein.
So soll es sein!

Hänge deine Leiter an einem Ort auf, wo du sie regelmäßig siehst, zum Beispiel neben deinem Schreibtisch. Sobald die Leiter ihren Zweck erfüllt hat, vergräbst du sie im Garten, um die Energie wieder in die Erde zu entlassen. Du kannst den Knoten Gegenstände hinzufügen, um den Zauber zu verstärken, zum Beispiel ein paar Haarsträhnen (deine oder von einer anderen Person, wenn der Zauber für diese Person bestimmt ist), Edelsteine (siehe dazu ab Seite 53), Glücksbringer (siehe Seite 148) oder Kräuter (siehe ab Seite 42).

Menschen
sehen nur das,
was sie zu

sehen
bereit sind.

Ralph Waldo Emerson

TRITT EINEM HEXENZIRKEL BEI

Mit etwas Recherche findest du einen Coven, also eine Gemeinschaft von gleichgesinnten Hexen, im Internet. Wie bei jedem Online-Forum weißt du nie, mit wem du sprichst, also gib keine persönlichen Informationen preis. Du musst nicht einmal deinen echten Namen in der Online-Welt verwenden – es macht Spaß, sich einen eigenen Hexennamen auszudenken. Und immer gilt: Mach nie etwas, wobei du dich unwohl fühlst.

HAFTUNGSAUSSCHLUSS

Der primäre Zweck dieses Buches ist es, zu unterhalten. Die Autorin und der Herausgeber übernehmen keine Haftung oder Verantwortung für Verluste oder Schäden, die durch die in diesem Buch enthaltenen Informationen verursacht werden.

Titel der Originalausgabe: The little book of witchcraft
Die Originalausgabe ist 2017 bei Summersdale Publishers Ltd. erschienen.
Copyright © Summersdale Publishers Ltd., 2017. Text by Anna Martin.
With thanks to Vicki McKay. Illustrations © Shutterstock and Marianne Thompson.
All Rights Reserved. Published by arrangement with Summersdale Publishers Ltd.

Die in diesem Titel gewählte geschlechtliche Form bezieht sich
immer zugleich auf weibliche, männliche und diverse Personen.
Denn natürlich sollen unsere Bücher allen Menschen Freude bringen.

© 2021 für die deutsche Ausgabe:
arsEdition GmbH, Friedrichstr. 9, D-80801 München
Alle Rechte vorbehalten
Text: Anna Martin
Aus dem Englischen von Ute Löwenberg
Lektorat: Elena Pollak
Covergestaltung: Grafisches Atelier, arsEdition GmbH
Gestaltung Innenteil: Daniela Schulz
Bildnachweis Cover: EssentiallyNomadic / Shutterstock.com
Bildnachweis Innenteil: Shutterstock: Kite-Kit / ARCHITECTEUR / Olli_may /
tovovan / Andy Vinnikov / Wondervendy / nikiteev_konstantin / omnimoney /
Great Vector Elements / Dn Br / Firejackal / Jane Kelly / Kirill Kirsanov /
Peter Hermes Furian / SKARIDA / Elena100 / Maks TRV / inspiron.dell.vector /
Swypse / Brian Goff / goodzone / StudioIcon / Vector Tradition SM /
arhendrix / Kaissa; Marianne Thompson

Wir behalten uns die Nutzung unserer Inhalte für Text und Data Mining
im Sinne von § 44b UrhG ausdrücklich vor.
ISBN 978-3-8458-4324-7

www.arsedition.de